まえがき

　北海道の倶知安町にあるニセコマウンテンリゾートグラン・ヒラフ
に仕事で赴任し、先ず宿泊したかったのが「日本秘湯を守る会」の会
員宿で、「ニセコ新見温泉新見本館」と「ニセコ昆布温泉鯉川温泉旅館」
であった。令和元年（2019年）の初冬、予約しようとした所、いずれの
旅館も休業していた。また、ニセコ温泉郷には「日本三大秘湯」の1
つ、ニセコ薬師温泉があるので訪ねた所、入口の道路に立看板があっ
たものの、到着して見ると既に建物はなく源泉だけが虚しく湧出して
いた。胸の痛む思いで源泉に手をふれたが、その暖かみが今も手に残
る。他の「日本三大秘湯」には、青森県の谷地温泉と、徳島県の祖谷
温泉があるが、どちらも宿泊した経験があったので、その無念さが忘
れられない。

　ニセコ積丹小樽海岸国定公園の雷電海岸を訪ねた時、海岸の高台に
立つ雷電温泉ホテルの建物が廃墟となって残っていたのを痛々しく眺
めた。そこから3kmほど山の中の入った場所に、朝日温泉三浦屋旅館
があったが、ここも廃業していた。朝日温泉は雷電温泉に源泉を供給
していた元湯で、盛時には9軒の温泉宿があったことを想像すると、
哀れに感じられた。北海道に関しては、名湯に数えられた秘湯の宿が
激減したようにも思われる。

　随分と北海道にある温泉地の衰退を見て来たが、北海道の温泉地数
は平成30年（2019年）の調査では245ヶ所、宿泊延人数13,148,021人と、
いずれも都道府県では日本一を誇っただけに残念で仕方ない。どうす
れば温泉が後世まで続いて行くか考えた時、源泉が枯渇しない限り温
泉遺産として遺す努力を払うべきだと考える。そのために基金を集め、
保全活動を行うことが急がれる。温泉は自然の恵みであり、身勝手な
廃業は終らせたくないと思う。

　今回は倶知安町のニセコマウンテンリゾートグラン・ヒラフに外資
系のリゾートホテルが建設されることになって、その空調・衛生工事
の図面作成のために赴任していた。このホテルは独自に温泉をボーリ
ングしていて、高額な工事費で得た温泉にどんな魅力があるのか、疑
問が生じていた。

　令和2年2月、㈳日本温泉協会より「日本温泉名人」に認定されて
思ったのは、自然湧出する温泉を調べようと没頭したのである。その時、
湧出する場所に浴槽を設けた温泉を最高として「温泉国宝」の称号を
与えた。他に自然湧出する温泉、鑿泉によって自噴する温泉を「温泉

都道府県宝」として選んだ。その他の温泉で、100年前後の歴史があって、人気のある温泉を「市町村宝」としたのである。「温泉国宝」は全国で26ヶ所、「温泉都道府県宝」は90ヶ所を暫定的に選定した。北海道の温泉は、未訪問の温泉地や未入浴の温泉宿が残るものの、概略がほぼ整ったので発表することにした。

　北海道に関しては、未訪問の温泉地が8ヶ所、他の温泉宿には泊まったが未入浴に終わっている温泉宿も13ヶ所残っている。いずれクリアして寸評を記したいと思うが、「日本五百名山」の登山と同じく、終り無き旅になりそうである。しかし、温泉国宝の入浴だけは、最後の執念を振り絞って達成し、「日本温泉名人」としの足跡を記したいと願望する。

令和5年2月　佐々木　清人

目　　次

1、北海道の温泉地の現状

　全国の温泉地の現状から北海道と最高位の都道府県のランキングを抜粋すると、下記の表となる。データーは環境庁の「平成30年度温泉利用状況」による。（高温温泉は摂氏42℃以上の温泉）。

北海道の現状	第1位の都道府県
①源泉総数（2,173本・全国4位）	①大分県（4,445本）
②総湧出量（198,022ℓ/min・全国2位）	②大分県（279,253ℓ/min）
③高温温泉数（1,132ヶ所・全国3位）	③大分県（3,349ヶ所）
④温泉地数（246ヶ所・全国1位）	④北海道（246ヶ所）
⑤温泉宿数（708軒・全国4位）	⑤静岡県（1,870軒）
⑥宿泊延人員（13,148,021人・全国1位）	⑥北海道（13,148,021人）

　北海道は上記のデーターが示すように温泉地数と宿泊延人員は、全国一の温泉都道府県である。北海道を代表する温泉地は、道北から列記すると斜里町のウトロ温泉、上川町の層雲峡温泉、弟子屈町の川湯温泉、釧路市の阿寒湖温泉、札幌市の定山渓温泉、音更町の十勝川温泉、洞爺湖町の洞爺湖温泉、登別市の登別温泉、函館市の湯の川温泉の9ヶ所があげられる。温泉地の規模を比較するためには、旅館やホテルなど宿泊施設の軒数、年間観光入込客数、年間宿泊客数が判断基準となる。そのリストを下記に列記するが年間観光客数は日帰りや宿泊を含めた観光客の総数で、令和元年（2019年）の前後の統計である。年間宿泊客数は平成27年（2015年）の統計で少し古いけれど、信憑性は高いと思われる。

温　泉　地　名			
開湯年代	宿泊施設の推移	年間観光客数	年間宿泊客数
ウ　ト　ロ　温　泉			
昭和46年（1971年）	30年前20軒⇒12軒	約120万人	約 46万人
層　雲　峡　温　泉			
大正12年（1923年）	30年前13軒⇒8軒	約182万人	約 72万人
川　湯　温　泉			
明治37年（1904年）	30年前15軒⇒10軒	約 73万人	約 22万人
阿　寒　湖　温　泉			
明治45年（1912年）	30年前23軒⇒13軒	約152万人	約 60万人
定　山　渓　温　泉			
明治3年（1870年）	30年前40軒⇒20軒	約160万人	約126万人

十 勝 川 温 泉			
大正2年（1913年）	30年前22軒⇒15軒	約 58万人	約 43万人
洞 爺 湖 温 泉			
大正6年（1917年）	30年前30軒⇒20軒	約300万人	約105万人
登 別 温 泉			
安政5年（1858年）	30年前30軒⇒20軒	約328万人	約128万人
湯 の 川 温 泉			
享徳2年（1453年）	30年前40軒⇒21軒	約225万人	約144万人

　以上のリストを比較すると、どこの温泉地も盛時よりも宿泊施設が減少していて、温泉地に宿泊する観光客は半減している温泉地もある。北海道に初めて和人（日本人）が移住したのは、鎌倉時代に遡るとされる。その最初の温泉が道南の知内町の知内温泉で、宝治元年（1247年）の開湯である。現在の上ノ国町や松前町に城下町が形成されると、沿岸部に温泉の発見もあったようだ。室町時代に開湯したとされる湯の川温泉、江戸時代末期に開湯した登別温泉は、北海道で最も宿泊客の多い温泉地である。そこに札幌市の定山渓温泉を加えると、「北海道三大温泉地」が成立することになる。

2、勝手に温泉国宝

　温泉国宝は、源泉が浴槽の底板または壁面から自然湧出している温泉(25℃以上)で、一般的に「足元湧出」の温泉である。基本的に野湯(上屋や浴槽のない露天風呂)は除く。北海道では、然別峡かんの温泉(鹿追町)と丸駒温泉旅館(千歳市)の2ヶ所が温泉国宝である。その選定基準は、開湯または創業が100年以上の温泉宿や共同浴場となる。

　参考のために筆者が選んだ「温泉国宝」は下記の通りである。

01)○ 然別峡(しかりべつきょう)かんの温泉イナンクルアンナ―の湯、開湯109年
　　　　　　　　　　　　　　　　　　　　　　　　　　　北海道鹿追町
02)◎丸駒温泉旅館天然露天岩風呂、開湯109年　　　　　北海道千歳市
03)◎酸ヶ湯(すかゆ)温泉旅館混浴ヒバ千人風呂、開湯340年　　青森県青森市
04)○谷地(やち)温泉上の湯、開湯404年　　　　　　　　青森県十和田市
05)◎蔦温泉久安の湯、開湯127年　　　　　　　　　　青森県十和田市
06)○ 鉛(なまり)温泉藤三旅館白猿の湯、開湯183年　　　岩手県花巻市
07)◎ 乳頭(にゅうとう)温泉郷鶴の湯温泉混浴露天風呂(白湯)、開湯409年
　　　　　　　　　　　　　　　　　　　　　　　　　　　秋田県仙北市
08)○赤倉温泉湯守の宿三之亟(さんのじょう)深湯、開湯1,161年　　山形県最上町
09)◎蔵王温泉川原湯(共同浴場)、開湯(伝承)約1,900年
　　　　　　　　　　　　　　　　　　　　　　　　　　　山形県山形市
10)◎二岐(ふたまた)温泉大丸あすなろ荘岩風呂、開湯1,054年　　福島県天栄村
11)○湯ノ花温泉石湯(共同浴場)、開湯(伝承)約700年
　　　　　　　　　　　　　　　　　　　　　　　　　　福島県南会津町
12)◎甲子(かし)温泉旅館大黒屋、開湯154年　　　　　　福島県西郷村
13)　奥塩原新湯温泉むじなの湯(共同浴場)、開湯(伝承)約300年
　　　　　　　　　　　　　　　　　　　　　　　　栃木県那須塩原市
14)◎法師温泉長寿館法師乃湯、開湯149年　　　　　群馬県みなかみ町
15)◎下部(しもべ)温泉古湯坊源泉館大岩風呂、開湯(伝承)約1,300年
　　　　　　　　　　　　　　　　　　　　　　　　　　　山梨県身延町
16)　湯の峰温泉つぼ湯(公衆浴場)、開湯(伝承)約1,800年
　　　　　　　　　　　　　　　　　　　　　　　　　　和歌山県田辺市
17)　岩井温泉岩井屋長寿の湯、開湯1,165年　　　　　鳥取県岩美町
18)　三朝(みささ)温泉旅館大橋巌窟の湯、開湯860年　鳥取県三朝町
19)　千原温泉(共同浴場)、開湯134年　　　　　　　島根県美郷町
20)　奥津温泉奥津荘鍵湯、開湯(伝承)約300年　　　岡山県鏡野町

21) 奥津温泉東和楼男湯、開湯(伝承)約300年　　　　　岡山県鏡野町

22) 湯原温泉砂湯(混浴露天風呂)、開湯(伝承)約1,100年

岡山県真庭市

23) 郷緑温泉郷緑館、開湯399年　　　　　　　　　　岡山県真庭市

24) 壁湯温泉福元屋洞窟風呂、開湯(伝承)約300年　　　大分県九重町

25) 川底温泉蛍川荘混浴浴場、開湯(伝承)約1,100年　大分県九重町

26) 地獄温泉清風荘すずめの湯、開湯173年　　　　　熊本県南阿蘇村

27) 湯川内温泉かじか荘大浴場、開湯(伝承)約240年

鹿児島県出水市

28) 指宿温泉村之湯(共同浴場)、開湯160年　　　　　鹿児島県指宿市

※○印は宿泊者が比較的少なく利用を促進したい温泉宿。

◎印は人気のある温泉宿や共同浴場。無印は宿泊や日帰り入浴の経験が
なく、これから先の温泉行脚と考えている。

温泉国宝（北海道）

01）然別峡かんの温泉イナンクルアンナーの湯

A 発見年：明治43年（1910年）
　に本郷兵吉（生没年不詳）が
　発見。

B 開湯：大正２年（1913年）に
　本郷兵吉が温泉宿を開業、
　開湯・創業109年。

C 湯守：本郷兵吉→菅野祐喜
　→㈱ホテル菅野→㈱鹿追
　ホットスプリングズ。

D 泉質泉色：ナトリウム－塩化物・炭酸水素塩泉、無色透明、無臭。

E 泉温泉性：48.5℃（22℃）、弱アルカリ性（pH7.8）、浸透圧（低張性）。

F 湧出量：不明。

G 温泉効能：神経痛、関節痛、五十肩、うちみ、くじき、疲労回復、
　慢性消化器病など

H 温泉の特色：国民保養温泉地（昭和46年指定）、然別峡の１軒宿、源
　泉掛け流し。

I 所在地及び標高（海抜）：北海道加東郡鹿追町然別（十勝支庁）、760
　ｍ。

J 旅館の概要：鉄骨コンクリート造３階建て１棟、木造平屋建て３棟、
　客室15室。

K 宿泊日：令和２年３月21日（宿泊）。

L 寸評：この温泉の存在を知ったのは、インターネットのウェブ情報
　を調べての結果であった。千歳市の支笏湖畔にある丸駒温泉旅館が、
　北海道では唯一の足元湧出の温泉と認識していたが、もう１ヶ所あ
　るのを知ったのが然別峡かんの温泉である。それも廃業した後の再
　建と知って、地元秋田県大館市の日景温泉と重複して見えた。

　　かんの温泉には、新得町にあるサホロリゾートでスキーをしてか
　らの投宿となった。この温泉がある鹿追町は、とかち鹿追ジオパー
　クに選ばれていて、そのビジターセンターに立ち寄って、新たな知
　識を吸収することが出来た。

　　然別湖へ向かう道路と分岐点を直進すると、シイシカリベツ川沿
　いに林道が続いていた。川は然別峡とも呼ばれ、奥地にはキャンプ

場があって露天風呂が点在しているようだ。時折谷間から見える山が大雪山系のニペソツ山で、登りたい山の１座でもある。

　かんの温泉に着くと、発電機の排気音が響き、番犬が吠える声がハーモニーように聞える。浴場棟と宿泊棟は坂道を隔てて離れていたが、再建する以前は廊下でつながっていた様子に見えた。浴場棟の周りには少量ながら様々な源泉が湧き、９ヶ所の湯船があって、源泉のデパートとも言えるほどの多さである。

　開業が大正初期で開湯100年以上を数えるが、平成20年（2008年）に経営者の体調不良で廃業を余儀なくされたと言う。経営者が変わり、改修工事を経た６年後、平成26年（2014年）に再開された。かんの温泉が立地する場所は、大雪山国立公園の第２種特別区域になっていて、休業が続くと営業許可が取り消されるのである。

　ここには北海道電力の送電線がなく、自家発電で営業が保たれているが部屋にはテレビはあるし、暖房も完璧である。露天風呂などの完全復活までは、まだまだ時間がかかると若い湯守は言っていたが、北海道の秘湯の中の秘湯なので国宝として崇めたい。

M印象歌：「秘湯とは　電線のない　宿なれど　電燈煌々　館主電気屋」

02）丸駒温泉旅館天然露天岩風呂

A 発見者：明治43年（1910年）、佐々木初太郎（1874～1947）が発見。福島県富岡町夜ノ森の出身で明治30年（1897年）に渡道。

B 開湯：大正４年（1915年）、佐々木初太郎が温泉宿を開業、開湯・創業107年。

C 湯守：佐々木初太郎→佐々木ヨシエ→佐々木金三郎→佐々木義郎氏（丸駒温泉㈱）。

D 泉質泉色：ナトリウム・カルシウム－塩化物・炭酸水素塩・硫酸塩

泉、無色透明、無臭。

E 泉温泉性：40℃（外気温不明）、中性（pH6.9）、浸透圧（低張性）。

F 湧出量：220ℓ／m（1号泉・自噴）。

G 温泉効能：神経痛、関節痛、痔疾、胃腸病、動脈硬化症、婦人病、切り傷、火傷など。

H 温泉の特色：日本秘湯を守る会、湖畔の1軒宿、一部源泉掛け流し。

I 主な宿泊者：歌手・坂本九（1941～1985）がテレビの取材で昭和55年（1980年）に宿泊、スウェーデン国王・カール16世（1946～）が平成2年（1990年）3月16日に宿泊、常陸宮正仁親王（1935～）・華子妃（1940～）が平成4年（1992年）8月5日に宿泊。

J 所在地及び標高（海抜）：北海道千歳市幌美内（石狩支庁）、247m。

K 旅館の概要：鉄骨コンクリート造2階建て2棟、客室56室。

L 入浴日：令和2年4月4日（宿泊）。

M 寸評：「日本秘湯を守る会」に加盟していることから、そのガイドブックで昔から名前は知っていた。湖畔の宿のイメージもあって憧れが高まり、北海道では最優先に泊まりたい温泉宿であった。昨年の11月、倶知安町に来て先ず予約を申し込むと、土曜日の予約は無理と言われた。年が開けた3月、新型コロナウイルスの患者が北海道で多く見つかると、観光地のホテルや旅館のキャンセルが続いたと聞いた。そこで再び丸駒温泉に予約を入れると、希望する土曜日に予約が取れたのである。

　この日も倶知安を出て、中山峠スキー場でスキーをしてから支笏湖に入った。支笏湖温泉に立ち寄ると、駐車場の入口では係員が首に銭入れバックをぶら提げて待ち構えていた。ヒメマスを食べようと立ち寄っただけなのに500円の出費は痛い。現金が1万円ほどしか無かったので郵便局に車を停めたが、ATMは休止中であった。千歳市内のコンビニに行くしか手が無く、往復40㎞も要するので支笏湖は不便な観光地と言える。

　支笏湖には何度なく来ているが、丸駒温泉は始めてで私の地図にはもう1軒、伊藤温泉の名があった。開業から60年近く丸駒温泉と共存していたが、廃業から4年後の平成29年（2017年）に解体されて跡形も残っていなかった。

　丸駒温泉は旅館の名があるもものの、ホテルのような大きな建物には驚いた。木造のひっそりと佇む雰囲気を予想していただけに多少の失望はあったが、露天岩風呂は最高の一言に尽きた。支笏湖の

水位によって湯船の深さも推移し、砂利の中から湯の湧く様子が実感できる。海辺の露天風呂は全国的に存在するが、湖畔の露天風呂は北海道では他に屈斜

路湖にあるだけなので、温泉国宝に相応しい湯と評価したいし、スウェーデン国王が宿泊したのは名誉でもある。

N印象歌：「支笏湖に　百年続く　出湯あり　恵庭山麓　丸駒温泉」

3、勝手に温泉道宝(北海道)

　温泉道宝は源泉が自然自噴または掘削自噴している温泉(25℃以上)で、開湯または開業が80年以上の歴史があることが条件となる。

01)層雲峡温泉層雲閣グランドホテル、開湯122年　　　　　上川郡上川町
02)旭岳温泉湯元湧駒荘、開湯100年　　　　　　　　　　上川郡東川町
03)岩尾別温泉ホテル地の涯、開湯約100年(伝承)、１軒宿
　　　　　　　　　　　　　　　　　　　　　　　　　　斜里郡斜里町
04)羅臼温泉ホテル峰の湯、開湯134年　　　　　　　　　目梨郡羅臼町
05)養老牛温泉湯やどだいいち、開湯102年　　　　　　標津郡中標津町
06)吹上温泉保養センター白銀荘、開湯90年、１軒宿
　　　　　　　　　　　　　　　　　　　　　　　　空知郡上富良野町
07)雌阿寒温泉野中旅館、開湯108年、１軒宿　　　　　　足寄郡足寄町
08)芽登温泉ホテル、開湯118年、１軒宿　　　　　　　　足寄郡足寄町
09)ぬかびら温泉湯元館、開湯98年　　　　　　　　　　河東郡上士幌町
10)盃温泉元湯潮香荘、開湯100年　　　　　　　　　　　古宇郡泊村
11)ニセコ五色温泉旅館、開湯102年、１軒宿
　　　　　　　　　　　　　　　　　　虻田郡ニセコ町・磯谷郡蘭越町
12)登別温泉滝乃家別館玉乃湯、開湯164年　　　　　　　　登別市
13)東大沼温泉旅館留の湯、開湯146年　　　　　　　　　亀田郡七飯町
14)二股ラジウム温泉旅館、開湯124年、１軒宿　　　　山越郡長万部町
15)上の湯温泉銀婚湯、開湯96年　　　　　　　　　　　二海郡八雲町
16)鹿部温泉鹿の湯、開湯141年　　　　　　　　　　　茅部郡鹿部町
17)知内温泉旅館、開湯775年、１軒宿　　　　　　　　上磯郡知内町
　以上17ヶ所を選定。

※東大沼温泉旅館留の湯は、令和２年(2020年)11月に閉館されてしまったが、再開を願って温泉道宝に選んだ。また、存続が危ぶまれる秘湯の宿もあるので、利用の促進を喚起したいものである。特に個人経営の小さな温泉旅館は、リピーターの存在は欠かせず、地域を挙げて応援して市町村もバックアップして欲しいものである。

　温泉は有難い地球の恵みで、自然湧出する温泉ともなれば宝物以外の何物でもない。最近では電磁探査などによって地下の温泉水の有無が確認され、火山地帯でもない場所でも温泉が掘削されている。温泉を掘削するボーリング工事の費用は、100m当り１千万円とも言われ、地下1,000mをボーリングすると１億円となるので、とても有難くは

感じられない。泉質によっては配管に湯垢が付着し、メンテナンスが大変となる場合もある。

やはり、古くから滾々と湧く源泉は素晴らしく、たとえボーリングによる温泉でも動力揚湯しない自噴する源泉の方が価値は高い。動力揚湯には、揚湯管から水中ポンプまたは陸上ポンプによって汲み揚げるポンプ方式と、圧縮したエアーを揚湯管に注入して汲み揚げるエアーリフト方式がある。いずれにしても無理やり汲み揚げているイメージがあって好きにはなれないが、温泉が浴槽に満たされることに変わりはない。天然の湖沼と人造のダム湖やため池と同様と思えば、水も湯も人々の暮らしを潤している分けである。しかし、天然と自然、人造と人工とは歴然とした違いがあるので、その区別は明確にしたい。

01)層雲峡温泉層雲閣グランドホテル(桂の湯)

A 発見者：明治33年(1900年)、塩谷水次郎(生没年不詳)が発見。

B 開湯：大正12年(1923年)に塩谷温泉層雲閣が開業。開湯122年、創業99年。

C 湯守：塩谷水次郎→荒井初一→㈱層雲閣グランドホテル。

D 泉質泉色：単純泉、無色透明、微硫黄臭。

E 泉温泉性：61.5℃(外気温－2℃)、弱アルカリ性(pH7.6)、浸透圧(低張性)。

F 湧出量：315ℓ/m(混合泉・自噴)。

G 温泉効能：神経痛、筋肉痛、肩こり、腰痛、関節痛疲労、ストレス回復など。

H 温泉の特色：にっぽん温泉遺産100選、源泉掛け流し。

I 主な宿泊者：大町桂月(1869~1925)が大正年間、野口雨情(1882~1945)が昭和2年(1917年)、与謝野鉄幹(1873~1935)・晶子(1878~1942)夫妻が昭和6年(1931年)に宿泊。

J 所在地及び標高(海抜)：上川郡上川町層雲峡(上川支庁)、600m。

K ホテルの概要：鉄筋コンクリート造10階建て1棟・5階建て1棟、客室162室。

L 入浴日：未入浴(層雲峡朝陽亭は入浴済み)。

M 寸評：層雲峡温泉は大雪山系の北東、層雲峡の大渓谷にある温泉で、江戸時代末期に松浦武重らに発見される。大正12年(1923年)に塩谷水次郎が温泉宿の層雲閣を開業したのが実質的な開湯となる。この年には更に国沢喜右衛門(1847~不詳)によって新たな温泉が発見さ

れている。それぞれの苗字から塩沢温泉、国沢温泉と名付けられた。層雲閣は旭川の実業家・荒井初一(1873~1928)に譲渡されて更なる開発が進められた。

　昭和25年(1950年)代に入ると、大規模な宿泊施設が建設されて、温泉名は層雲峡温泉に統一される。昭和40年(1965年)頃には層雲閣グランドホテルの他にホテル大雪、ホテル朝陽、層雲峡観光ホテル、ホテル層雲、高原温泉ホテル、ホテル雲井、層雲峡国際ホテルなどが立ち並ぶ温泉街が形成された。温泉街は、欧米の山岳リゾートをモデルにした「キャニオンモール」としてスキー場やロープウェイなどが開設されて整備された。

　平成10年(1998年)には13軒のホテルや旅館があったが、経営の譲渡や破産などによって変遷した。ホテル朝陽は層雲峡朝陽亭(旧プリンスホテル朝陽亭)に、層雲峡国際ホテルは朝陽リゾートホテルに、ホテル雲井はHOTELKUMOIに変わっている。しかし、昭和天皇も泊まったホテル層雲は平成22年(2010年)に破産し、廃墟と化している。

　層雲峡温泉の中でも層雲閣グランドホテルは別格で、層雲峡温泉100年の歴史そのものである。層雲峡温泉には60ヶ所の源泉があるとされるが、層雲閣グランドホテルは桂の湯1号泉・2号泉・3号泉の源泉を有し、混合して配湯しているようである。入浴経験がなく、温泉の体験談を綴っていけないのが残念であるが、宿泊は無理でも日帰り入浴は楽しみたいと思っている。最近の温泉宿泊施設は大きく様変わりして、団体観光客向けの大型ホテルから滞在者向けのリゾートホテルへと移行している。富裕層に限られたホテルや旅館が多く、低価格の旅館が層雲峡温泉から消えて行くのも低所得者には淋しい気がする。

N空想句：「夢と見る　もみじ入り込む　露天風呂」

02)旭岳温泉湯元湧駒荘

A 発見者：大正3年（1914年）、阿久津啓吉（生没年不詳）が発見。

B 開湯：昭和7年（1932年）、材木業・小西清作が仮湯小屋（竹藪温泉）を開設、開湯90年。

C 湯守：阿久津啓吉→小西清作→竹内隆介→㈱湧駒荘。

D 泉質泉色：マグネシウム・カルシウム－硫酸塩・塩化物・炭酸水素塩泉、無色透明、無臭。

E 泉温泉性：44.5℃（外気温－2℃）、弱アルカリ性（pH6.6）、浸透圧（低張性）。

F 湧出量：45ℓ/m（1号泉・自噴）。

G 温泉効能：リウマチ、関節症、腰痛症、神経痛、五十肩、打撲、糖尿病など。

H 温泉の特色：日本秘湯を守る会、源泉掛け流し。

I 主な来訪者：高松宮喜久子妃（1911~2004）が昭和30年（1955年）に宿泊、三笠宮百合子妃（1923~）・高松宮憲仁親王（1954~2002）・容子内親王（1951~）が昭和52年（1977年）に宿泊。

J 所在地及び標高(海抜)：上川郡東川町湧駒別（上川支庁）、1,000m。

K 旅館の概要：鉄骨コンクリート造5階建て1棟・木造2階建て2棟、客室32室。

L 入浴日：令和2年4月11日（宿泊）。

M 寸評：雪の大雪山旭岳を眺め、春スキーを満喫したいと湯元湧駒荘に予約を入れた。湯元湧駒荘は「日本秘湯を守る会」に加盟する旅館で、北海道では銀婚湯と丸駒温泉をゲットしただけで、残りは4軒も残っていたので、湯元湧駒荘に泊まれるのは嬉しい。北海道の名湯や秘湯は、大雪山国立公園に点在していて、旭岳温泉はその代表格である。

　旭岳ロープウェイには、旭岳登山の際に利用したが、新型コロナウイルスの影響で運休しているのではと心配したが、ウェブで調べる限りは運行中であった。駐車場には約70台の車が停まっていたが、山麓駅は閑散としていた。姿見駅に到着すると、山頂に雲が停滞していて、対面が叶わなかった。それでも下界は晴れていて、雪質は

パウダースノーと素晴らしく、エゾドドマツの樹間を縫って滑るスキーは最高の満足感が得られた。

　湯元湧駒荘は三角屋根の大きな鉄骨コンクリート造５階建て建物で、平成９年（1997年）に建築されたようである。そのシングルベットの部屋に入って、パソコンを机の上にセットした。自分が創設したエンジニアリング会社を整理し、「設備屋放浪記」の旅に出てから始まった記録で、13年間続けている日記を兼ねた自分史でもある。

　旅館の浴室は、宿泊者と日帰り入浴者を区別していて、本館の風呂は貸し切り状態である。ユコマンの湯とシコロの湯の内湯の他に露天風呂もあって、男女が入れ替わるシステムとなっていた。日帰り入浴者がいなくなる時間帯を狙って、

シコロの湯

別館の神々の湯に入ったが、ここにも露天風呂があって５つの源泉を堪能することができた。

　この旅館で驚いたのは、旅館の娘さんが女子スノーボードの選手で、ソチ五輪の大回転で銀メダルを獲得した有名人であったことである。NHKのドキュメンタリー番組で知っていたが、旅館が実家とは知らかったので、５階にあるギャラリーを見物して偉業を垣間見た。彼女のスポンサーが広島ガスで、私も広島で暮らした日々をふと思い出した。

展示室

Ｎ印象歌：「忘れえぬ　思い出刻む　旅の宿　大雪山の　春のひとコマ」

03) 岩尾別温泉ホテル地の涯、三段の湯(混浴露天風呂)

A 発見者：江戸時代にアイヌ の人々が発見したと伝承。

B 開湯：大正年間(1915年頃) に木下弥三吉(1909~1960) が開発。昭和38年(1963年) にホテル地の涯が開業、開 湯約100年、創業59年。

C 湯守：木下弥三吉→㈱ホテル地の涯→㈲しれとこ村。

D 泉質泉色：ナトリウム・カルシウム−塩化物・炭酸水素泉、無色透 明、無臭。

E 泉温泉性：40℃(外気温不明)、中性(pH6.8)、浸透圧(低張性)。

F 湧出量：150ℓ/m(自噴)。

G 温泉効能：リウマチ、神経痛、貧血、冷え症、肥満、腰痛、痔疾、 皮膚病など。

H 温泉の特色：羅臼岳登山口の宿、加水掛け流し。

I 主な宿泊者：三笠宮崇仁親王(1915~2016)が昭和39年(1964年)に登 山で宿泊。

J 所在地及び標高(海抜)：斜里郡斜里町岩尾別(オホーツク支庁)、 185m。

K ホテルの概要：鉄筋コンクリート造3階建て2棟、客室41室。

L 入浴日：平成24年8月14日(日帰り)。

M 寸評：この温泉は昭和53年(1978年)に、フォーク歌手のさとう宗幸 氏が「岩尾別旅情」を歌って有名にした温泉である。「日本百名山」 の登頂を目指した平成24年(2012年)の夏、羅臼岳への登山を終えて の入浴となった。ホテル地の涯に宿泊しようと予約を入れたが、満

室で断られたのであるが入 浴だけは果たしたかった。
　三段の湯はホテルの近く にある無料の野湯で、湯船 が3槽あって、それが3層 になっているのである。高 温・中温・低温と楽しめる 分けで、遊び心の旺盛な湯 守がいたものである。露天

露天風呂

風呂は混浴であったが、若い男性が数人いるだけで、目の保養にはならなかったが、88座目の日本百名山をゲットした喜びが汗と一緒にあふれた。

　岩尾別温泉と羅臼岳の登山道は、斜里の材木商・木下弥三吉によって大正時代に開発された。昭和38年（1963年）にはホテル地の涯が開業され、知床観光の拠点となるが、冬季期間は休業せざるを得なく、経営を維持するのは大変だったと想像する。昭和56年（1981年）には、土石流災害により宿泊客が孤立し、自衛隊による救出騒ぎがあった。昭和50年（1975年）に朝日旅行が発起人となった「日本秘湯を守る会」に加盟したが、平成8年（1996年）に脱会したのが残念に思っている。平成17年（2005）年に知床半島がユネスコの世界自然遺産に登録されて、岩尾別温泉ホテル地の涯もその恩恵を受けるのも束の間、経営は思わしくなかったようである。平成29年（2017年）のシーズンは休館したようであるが、㈱ホテル地の涯から㈲しれとこ村に経営が移管されて、平成30年（2018年）には営業が再開されている。ホテルの敷地は、知床国立公園の第2種特別区域となっているので、一度建物が取り壊されると再建は不可能に近い。㈲しれとこ村は遊覧船なども運航する会社のようで、冬季間の観光に着目しないと存続は難しい。ウトロの町外れから岩尾別温泉までは、除雪可能な距離なので冬季営業を目指すべと思うが、知床横断道路の約5kmでも冬季閉鎖となっているので進展は望めそうにない。東北には、スノーモービルや雪上車で宿泊者を歓送迎している温泉宿もある。

N印象歌：「知床の　豊かな自然　肌に染む　熊との共存　これぞ遺産か」

04）羅臼温泉ホテル峰の湯、熊の湯（露天風呂）

A発見者：寛政元年（1789年）に発見されるが発見者は不明。

B開湯：明治21年（1888年）に竹田繁茂（生没年不詳）が湯宿を開業、開湯・創業135年。

C湯守：竹田繁茂→松田作蔵→森野幹造→藤野文吾→羅臼村→羅臼町。

D泉質泉色：含硫黄ナトリウム－塩化物泉、乳白色、硫黄臭。

E泉温泉性：95℃（外気温不明）、アルカリ性（pH9.2）、浸透圧（低張性）。

F湧出量：不明（混合泉・自噴）。

G温泉効能：神経痛、筋肉痛、慢性皮膚病、冷え症、切り傷など。

H温泉の特色：高アルカリ性の温泉、加水掛け流し。

I主な入浴者：松浦武四郎。

J所在地及び標高(海抜)：目梨郡羅臼町湯の沢（根室支庁）、100m。

Kホテルの概要：鉄骨コンクリート造3階建て1棟・2階建て1棟、客室24室。

L入浴日：未入浴。

M寸評：羅臼は江戸時代にアイヌとの交易のあった湊で、寛政11年(1799年)に江戸幕府は東蝦夷地の暫定的な直轄地とした。安政5年(1858年)には松浦武四郎(1818~1888)によって知床

羅臼温泉ホテル峰の湯看板

半島が探検される。温泉は寛政11年(1789年)の発見であるが、その後の明治21年(1888年)には温泉郷として開発された。現在は、らうす第一ホテルと2軒だけとなって、湯郷のイメージからは遠くなったようだ。かつては知床観光ホテル、ニュー知床ホテル、町営らうす荘、ラウスユースホステルがあったと聞く。森重久弥と加藤登紀子が歌った「知床旅情」がヒットし、その影響で知床半島の羅臼温泉もブレークした。

　源泉は1号泉・4号泉・5号泉の3本を混合して使用しているようで、95℃の高温泉のため加水されている。国設キャンプ場の近くには共同浴場の露天風呂「熊の湯」がある。地元の有志が管理する浴場で、入浴料が無料であると言う。地元民以外は有料の共同浴場が多いのであるが、料金の無料とは北海道らしい太っ腹にも思える。

熊の湯

　この温泉地を代表するホテル峰の湯は、昭和53年(1978年)にホテル山荘峰として開業し、平成2年(1994年)には2階建てから3階建てにリニューアルされて現在の名称となっている。この宿にも予約を入れたが、満室で断られてしまった。盆休みの14日に人気のある温泉宿に当日予約を入れるのはバカがすることと反省した。羅臼町

内にビジネスホテルがあったので、車中泊だけは何とか回避できた。

　夜になると、羅臼町内では盆踊りが行われ、人口が減り鄙びた様子であったが、盆行事を何もしない町に比べたら立派に思えた。翌朝、カラスとウミネコの合唱で目を覚まして羅臼漁港に行くと、大きな国後島が見える。僅か24kmの距離なのに、返還されることもなく67年が経ている。ロシアには返還する意図はなく、４島を餌に日本からの投資や援助などの甘い汁を吸い取るだけである。日ソ不可侵条約を反故にして略奪されたのであるから、信頼のおける国ではないのは確かである。

N印象歌：「羅臼岳　眼下に浮かぶ　国後島　ここが他国と　誰や信じる」

05)養老牛温泉湯宿だいいち、からまつの湯(露天風呂)

A発見者：元禄年間(1700年頃)にアイヌの人が発見。

B開湯：大正９年(1920年)に西村武重(生没年不詳)が温泉旅館養老園を開業、開湯102年。

C湯守：西村武重→坂本与平→長谷川松美氏。

D泉質泉色：ナトリウム・カルシウム－塩化物泉・硫酸塩泉、無色透明、硫黄臭。

E泉温泉性：77.9℃(外気温不明)、中性(pH7.1)、浸透圧(低張性)。

F湧出量：不明(混合泉・自噴)。

G温泉効能：神経痛、筋肉痛、慢性皮膚病、冷え症、切り傷など。

H温泉の特色：中標津の奥座敷、源泉掛け流し。

I所在地及び標高(海抜)：標津郡中標津町養老牛(根室市支庁)、200m。

J旅館の概要：木造３階建て１棟・２階建て１棟、客室27室。

K入浴日：未入浴

L寸評：中標津から摩周湖の向う手前にある温泉で、江戸時代中期にアイヌによって発見され、明治27年(1984年)頃はシベツ村のアイヌが温泉の側に小舎を建て、浴客に提供していたようである。和人も多く利用し、これが実質的な開湯とされる。大正９年(1920年)に西村武重が養老園を開業して温泉地となる。昭和４年(1929年)に根室の坂本与平(生没年不詳)が大一(第一)旅館を開業すると、翌年には小山旅館、翌々年には堀口旅館が開業している。坂本与平は大一旅

館を譲渡し、新たに坂本旅館を開業する。しかし、昭和17年（1942年）頃になると、養老園、坂本旅館、堀口旅館が相次いで廃業した。

　戦後の昭和32年（1957年）には豪華な花山荘が開業し、昭和40年（1965年）には藤屋旅館が開業する。公共施設としては養老牛青年の家、クリーン養老牛、福寿園などが建てられ7軒の宿泊施設のある湯郷となった。現在は大一旅館が前身の「湯宿だいいち」と、小山旅館が前身の「ホテル養老牛」の2軒となってしまった。しかし、ホテル養老牛も令和元年（2019年）に閉館となって、湯宿だいいちに譲渡されたと聞く。約60年間でこれほど変遷した温泉地は珍しく、その盛衰に落胆せずにはいられない。

　平成26年（2014年）に廃業した「旅館藤や」は、昭和59年（1984年）に山田洋二監督の映画「男はつらいよ〜夜霧にむせぶ寅次郎」のロケーションが行われ、監督を含めた出演者の定宿となったと言う。養老牛温泉は中標津の奥座敷と呼ばれた時代は遠い昔の話となって、湯郷の面影も焼失してまったのが残念に思われる。

　養老牛温泉の川沿いには、露天風呂の「からまつの湯」があり、ここも入浴料金が無料の共同浴場である。しかし、令和3年（2021年）に加水用のバルブが閉じていたため、熱湯に入った男性が死亡する事故が発生し、その後は閉鎖されているようだ。養老牛温泉に入浴するには、湯宿だいいちに宿泊するしか手がないが、宿泊料金が懐具合と合わない高級温泉旅館で、年金生活者には敷居が高く感じられる。

M印象歌：「叶うなら　せめて浴したい　露天風呂
　　　　　　　養老牛の　からまつの湯」

06）吹上温泉保養センター白銀荘、吹上露天の湯

A発見者：明治30年（1897年）に入植者（開拓民）が発見。

B開湯：明治末期（1900年頃）に開湯。昭和7年（1932年）に温泉宿が開業、開湯約120年。

C湯守：中川氏→吹上温泉㈱→上富良野町（上富良野振興公社）。

D 泉質泉色：カルシウム・ナトリウム－硫酸塩・塩化物泉、無色透明、微鉄臭。

E 泉温泉性：47℃（外気温24℃）、酸性（pH2.5）、浸透圧（低張性）。

F 湧出量：200ℓ／m（自噴）。

G 温泉効能：神経痛、筋肉通、関節痛、リウマチ、運動麻痺、慢性皮膚病、婦人病など。

H 温泉の特色：山小屋システム、源泉掛け流し。

I 主な宿泊者：高松宮宣仁親王（1905~1987）が昭和29年（1954年）3月16日にスキーで旧白銀荘に宿泊、三笠宮寛仁親王（1946~2012）が昭和47年（1972年）3月にスキーで旧白銀荘に宿泊。

展示品

J 所在地及び標高（海抜）：空知郡上富良野町吹上（空知支庁）、1,005m。

K 旅館の概要：木造階建て2階建て1棟・平屋建て1棟、客室8室。

L 入浴日：令和2年3月20日（宿泊）。

M 寸評：北海道の自噴している温泉地を探した所、吹上温泉保養センター白銀荘の存在を知った。当日は富良野スキー場でスキーを楽しんでからの投宿となったが、十勝岳の山スキーで利用する客が主流のようだ。食事の提供はないと言うことで、途中のスーパーマーケットで酒と肴とカップ麺を購入して宿に入った。素泊まりの宿泊料金は、3,250円と安かったものの、ユースホステルのような2段ベッドの12人部屋は落ち着かない。何よりも不自由なのは、パソコンを操作する机も椅子もないことである。

　この山荘では、温泉以外の楽しみがないようで、ヒバの香りがする内湯は良かったし、露天風呂の雪景色も絵のようであった。この山荘の近くには、無料で入れる野湯の吹上露天の湯がある。冬期間は利用できないのは残念であるが、自噴に勝る温泉はない。それが混浴ともなれば、開湯時の明治時代の雰囲気が感じられて素晴らしい浴場と思える。

　誰もいない時間帯を狙って浴室の様子を写真に残そうとした所、管理人から叱られてしまった。温泉名人として取材をしていると

言っても聞く耳を持たないようで、非常に腹立たしく感じた。確かに最近は浴室での撮影禁止する温泉施設があるが、身勝手な立場で考えると誰も入浴者がいなかったら良いだろうと思う。浴室は撮影禁止の絶対秘仏と同等なのかと、反発したくなるが、それが町営の宿なら尚更(なおさら)である。

　翌朝、十勝岳の登山口から続々と山スキー客が入って行く。私は本来、ゲレンデスキーよりも山スキーが好きなのであるが、道具が高価で手に入れていない。スキー靴はリュックに入れ、ゲレンデ用の板を背負って登るのである。カンジキを必要とする場合もあって、無駄な道具を携えなくてはならない。山スキー専用の靴とシール付きの板があれば良いので、登山が楽になる。雪の十勝岳を想像して、サホロリゾートへと向かった。

N印象歌：「もう二度と　泊まりたくない　山の宿
　　　　　　　威張る湯守の　親方は町」

07)雌阿寒温泉野中旅館

A発見者：大正2年(1913年)に富山県出身の入植者・野中増次郎がアイヌの入浴を発見。

B開湯：大正3年(1914年)に野中増次郎が温泉旅館を開業、開湯・創業108年。

C湯守：野中増次郎→野中正造(113歳)→野中廣行氏。

D泉質泉色：含硫黄－マグネシウム・ナトリウム－硫酸塩・塩化物泉、乳白色、硫黄臭。

E泉温泉性：43.8℃(外気温不明)、弱酸性(pH5.8)、浸透圧(低張性)。

F湧出量：310ℓ/m(3号泉・自噴)。

G温泉効能：高血圧症、動脈硬化症、末梢循環障害、リウマチ、糖尿病、運動障害など。

H温泉の特色：国民保養温泉地(昭和48年指定)、国民宿舎、源泉掛け流し。

I所在地及び標高(海抜)：足寄郡足寄町茂足寄(十勝支庁)、700m。

J旅館の概要：木造2階建て2棟、客室11室。

K入浴日：令和2年1月1日(日帰り)

L寸評：今回の旅行の目的は、道東の未踏地・釧路や根室を訪ねることと、釧路湿原のタンチョウを見ることであった。元旦の予約は無理かと思った所、阿寒湖温泉のホテルが宿泊をOKしてくれて宿泊することにした。野中旅館の予約は無理だったので、せめて日帰り入浴は経験したいと、阿寒湖から雪道を分け入って訪ねたのである。

　平成24年(2012年)の夏、「日本百名山」の雌阿寒岳に登った際に、この温泉が登山口であったので野中温泉で山のバッヂをゲットした思い出がある。当日は雨天であったことと、斜里岳にも登る予定があったので入浴せずに先を急いだのであった。

　この野中温泉は大正3年(1914年)に開業され、昭和31年(1956年)には旅館とユースホステルを兼ねた宿して再出発している。昭和35年(1960年)には、北海道で第1号の民営の国民宿舎となり、昭和43年(1968年)に国民宿舎用の別館が建てられてユースホステルは本館となった。昭和48年(1973年)には環境庁の国民保養温泉地の指定を受け、旅行ブームが野中旅館をも席巻する。この頃の私もユースホステル活動に夢中になり、十和湖畔にあったユースホステルでサブペアレントをした経験がある。ホステラーの会員証には、野中温泉ユースホステルの名前を何度となく目にしたものである。

　平成48年(2011年)に本館が雪崩で壊れ、ユースホステルは閉業して日帰り入浴施設となったようだ。この宿の2代目の湯守であった野中正造氏は、長寿世界一となった人で新聞記事が壁に掲示されていた。湯は硫黄の臭いのする弱酸性で、温泉らしい温泉と言えるが、この種の泉質の温泉は定期的に二酸化硫黄のガス濃度を測定しないと大変なことになる。

　隣接するオンネトー温泉京福では、宿泊者が硫化水素で中毒死する事故が発生して廃業している。湯口を湯船の底に設置する足元湧出であったことが原因とされ、足元湧出を最良とする私の評価が否定されているような事件であった。温泉マニアとしては、硫化水素と上手に付き合う必要があり、この事故を教訓に危険性を認識することに尽きる。

M印象歌：「初詣 山のいで湯に 手を合わす 硫化水素を 祓い給えと」

08) 芽登温泉ホテル、巨岩の湯（大露天風呂）

A 発見者：明治34年（1901年）、アイヌ酋長の案内で伊東重記（？〜1943）が発見。

B 開湯：明治37年（1904年）に伊東重記が美里別温泉を開業、開湯・創業118年。

C 湯守：伊東重記→チトセ→綱四郎→謙二→司氏（5代目）。

D 泉質泉色：単純硫黄泉、乳白色、硫黄臭。

E 泉温泉性：58℃（外気温不明）、アルカリ性（pH9.1）、浸透圧（低張性）。

F 湧出量：120ℓ/m（1号・2号混合泉・自噴）。

G 温泉効能：神経痛、リウマチ、胃腸病、婦人病、アトピー性皮膚炎、糖尿病など。

H 温泉の特色：日本秘湯を守る会、渓谷の1軒宿、源泉掛け流し。

I 所在地及び標高（海抜）：足寄郡足寄町芽登（十勝支庁）、392m。

J ホテルの概要：木造2階建て2棟、客室10室。

K 入浴日：未訪問。

L 寸評：北海道の秘湯の宿では、唯一訪ねてもいない温泉地である。北海道中央部の帯広市の北に位置する足寄町にある。主要な国道でもないため、「日本秘湯を守る会」の宿であっても遠い存在に見え、憧れを抱いたままである。芽登はアイヌ語の「メトッ」に由来し、山奥を意味するようで、現在では秘境とも呼ばれている。

　明治32年（1899年）、福島県出身の伊東重記は、美里別地区に入植開拓して牧場を営んでいた。明治34年（1901年）、アイヌのオテナ（酋長）・本田トベシベに案内されて、ピリベツ川で温泉を発見する。明治37年（1904年）に温泉の許可が下りると、小さな湯小屋を建てて「美里別温泉」を開業するが、間もなく「芽登温泉」と改称される。昭和18年（1943年）に重記が没すると、5女のチトセが受け継ぎ、その後は長男の綱四郎が継いでいる。

　昭和57年（1982年）には、現在の施設に新築されて、「芽登温泉ホテル」となった。平成27年（2015年）には、4代目を継いだ謙二氏によって混浴大露天風呂の「巨岩の湯」が完成している。現在は5代目の司氏が秘湯を守っているようだ。

インターネットのウェブ情報によると、巨岩の湯の他にも女性専用の露天風呂があって、内湯には大浴場、山側の浴場、川側の浴場と３ヶ所があるようだ。自然湧出の源泉は58℃の高温泉で、大浴場には高温湯と低温湯があって、いずれも楽しめるのが良い。泉質については、北海道一とも言われる良質のアルカリ性である。夕食のメニューは道産和牛のしゃぶしゃぶ、毛ガニの姿造りと豪華な内容であるが、個人的にはイワナの刺身と骨酒、山菜の盛り合わせが好きである。ただ料金が比較的安価で、同じ「日本秘湯を守る会」の旅館やホテルでも２万円以上もする宿に比べると良心的に思える。

　地図を眺めていると、ピリベツ川(美里別川)支流のヌカナン川沿いに芽登温泉があって、上流には小さな糠南ダムがある。春は渓流の新緑、夏はせせらぎの涼風、秋は清流の紅葉、冬は樹氷に満天の星空と、四季の移ろいが地図の上に浮かんで見えるようだ。

M空想句：「せせらぎに　岩魚はねたり　露天風呂」

09) ぬかびら温泉湯元館

A発見者：大正８年(1919年)、湯元館の初代・島隆美(1871〜1948年)が発見。

B開湯：大正13年(1924年)に温泉旅館を開業、開湯・創業98年。

C湯守：島隆美→島岩根→島一春→㈱湯元館→医療法人翔嶺館グループ。

D泉質泉色：ナトリウム－塩化物・炭酸水素塩泉、無色透明、微硫黄臭。

E泉温泉性：59℃(外気温不明)、中性(pH7.1)、浸透圧(低張性)。

F湧出量：125ℓ/m(自噴)。

G温泉効能：神経痛、関節痛、筋肉痛、五十肩、運動麻痺、打ち身、疲労回復など。

H温泉の特色：糠平湖近くの宿、源泉掛け流し。

I所在地及び標高(海抜)：河東郡上士幌町糠平(十勝支庁)、540m。

J旅館の概要：木造２階建て２棟・コテージ１棟、客室10室。

K入浴日：未訪問。

L寸評：音更川の上流にある糠平湖(糠平ダム)にある温泉地で、大正13年(1924年)の開湯から98年を数える。昭和９年(1934年)には15軒の温泉宿が営業し、十勝の奥座敷とも呼ばれたようである。現在の糠平温泉ホテル、中村屋、糠平館観光ホテルは、この頃の開業である。昭和後期には大規模なホテルが建設され、糠平温泉スキー場も

開設された。

　その後は温泉街でも最大級の大雪グランドホテルが破産して放置されるが、結局は町が取得して国が買い上げて13年後に解体される。そんな温泉地でも衰退の度合いは低く、30年前に10軒ほどあった宿泊施設は、現在は8軒と健闘している。特に老舗のホテルや旅館が4軒もあるのは珍しいと言える。中でも湯元館は貴重な存在である。

　糠平温泉は地名が「糖平」と間違われやすい理由で、平成21年（2009年）に「ぬかびら源泉郷」に変更された。この温泉は未訪問の温泉地で、温泉道宝に選んだ湯元館はインターネットのウェブ上での訪問となる。平成29年（2017年）に初代島隆美氏から93年間、島家が守って来た湯元館は、医療法人翔嶺館グループに譲渡される。

　木造2階建ての旅館は昭和32年（1957年）の建築で、老朽化のために現在は宿泊を休止していて新築されたコテージのみが宿泊可能のようだ。浴場は全面的にリニューアルされて、混浴露天風呂は廃止されている。浴場は「空翠の湯」の「神韻の湯」に別れて、空翠の湯の内湯は浴槽が偏角のタイルタ張りで、外には大きな露天の岩風呂と檜風呂がある。神韻の湯の内湯には、円形の大きなタイル張り浴槽で、小さな檜風呂もある。檜の香りが画面から匂ってくるような雰囲気である。

　リニューアル途中の温泉施設に出会うことは少ないが、完成されれば木造の立派な客室や食堂が再建されることであろう。温泉旅館は後継者不足や建物の老朽化で廃業を余儀なくされるケースが多い。しかし、隣町の鹿追町の「然別峡かんの温泉」は、経営譲渡によって再建が成されたので、温泉は遺産と思ってリレーされることが肝心である。

M空想句：「百年の　歴史新たに　月と雪」

10）盃温泉潮香荘

A 発見者：発見者は不明であ
るが、明治38年（1905年）に
発見。

B 開湯：大正11年（1922年）に
温泉宿が開業し開湯。潮香
荘は昭和22年（1947年）の開
業、開湯100年、創業75年。

C 湯守：潮香荘。

D 泉質泉色：カルシウム・ナトリウム－硫酸塩泉、無色透明、無臭。

E 泉温泉性：43.9℃（外気温19℃）、弱アルカリ性（pH7.9）、浸透圧（低
張性）。

F 湧出量：2.2ℓ/m（自噴）、130ℓ/m（動力揚湯）。

G 温泉効能：神経痛、リウマチ、糖尿病、不妊症、アレルギー疾患、
小児消化器障害など。

H 温泉の特色：国民温泉保養地（昭和50年指定）、源泉掛け流し。

I 所在地及び標高（海抜）：古宇郡泊村（後志支庁）、26m。

J 旅館の概要：木造平屋建て2棟、客室15室。

K 入浴日：令和2年4月19日（日帰り）。

L 寸評：地理的に道南は本州に近いこともあって、歴史ある温泉地が
多く存在する。積丹半島の海岸に位置する杯温泉もその1つである
が、岩内温泉の方が有名で宿泊客が多いようだ。泊村には弁天島の
名所があって観光客は立ち寄るが、原子力発電所があるのでイメー
ジはあまり良くない。

　盃温泉は明治38年（1905年）に発見されて「高島の湯」と呼ばれた
ようである。昭和50年（1975年）に国民温泉保養地に指定されると、
泊村は温泉開発に多大な税金を投入する。平成6年（1994年）には約
16億円の建築費で「盃温泉国民宿舎もいわ荘」を開業する。しかし、
利用者の減少で平成24年（2012年）には宿泊業務を中止して、日帰り
温泉に切り替えるが、平成27年（2015年）に閉館となった。翌年には
建物が解体されて、僅か21年の歴史が消えてしまった。それに比べ
ると、民営の宿泊施設は細々ながら営業を続け、「潮香荘」は、そ
の年には創業68年目を迎えている。

　潮香荘は昭和22年（1947年）、盃漁港の鰊番屋を改造して源泉を引
いて湯宿にしたのが潮香荘の始まりとされる。昭和37年（1962年）に

は、ボーリングによって２ヶ所の源泉を掘り当てた。昭和49年（1974年）に漁港から高台に新築されて移転し、ホテル潮香荘と称された。盛時の盃温泉には周囲の茂岩温泉を含めて５軒の温泉施設があったが、現在では潮香荘だけが唯一の温泉宿となっている。

　潮香荘は盃漁港に面した小高い丘の上に建ち、ロケーションが抜群で日本海を一望できる。客室の全てから海が眺められ、露天風呂からも沈む夕陽が眺められる。男女それぞれに内湯と露天風呂があるが、加温も加水もしない100％純温泉の源泉掛け流しである。私が日帰り入浴した時は、雷電岬の日本海の上にニセコ連山の残雪の山々が浮かんでいた。「日本秘湯を守る会」に加入して欲しいと願う宿の１つで、昭和のレトロな雰囲気が垣間見られる。次回は夕陽を眺めながら露天風呂に浸かってみたいものである。

M空想句：「夕陽にも　盃挙げる　秋の暮れ」

11) ニセコ五色温泉旅館

A 発見者：明治時代（1900年頃）に発見され、大正９年（1920年）に稲村道三郎が開湯。

B 開湯：昭和５年（1930年）に仁世古温泉旅館を開業、開湯102年、創業92年。

C 湯守：稲村道三郎→井上士次郎→佐藤政治→佐藤雄治氏。

D 泉質泉色：含硫黄－マグネシウム・ナトリウム・－硫酸塩・塩化物泉、灰色、硫黄臭。

E 泉温泉性：76.1℃（外気温不明）、酸性（pH2.6）、浸透圧（低張性）。

F 湧出量：200ℓ/m（自噴）。

G 温泉効能：慢性湿疹、神経痛、糖尿病、アトピー皮膚炎など。

H 温泉の特色：国民温泉保養地（昭和33年指定）、加水掛け流し。

I 所在地及び標高(海抜)：磯谷郡蘭越町・虻田郡ニセコ町（後志支庁）、750m。

J 旅館の概要：木造階２建て２棟・平屋建て３棟、客室17室。

K 入浴日：令和元年11月24日（日帰り）。

L 寸評：倶知安町のアパートに入居して３回目の日曜日、薬師温泉跡を訪ねてニセコ五色温泉に車を向けた。途中のニセコ湯本温泉の道

路からは、18年前に廃止された二セコチセヌプリスキー場のリフト鉄柱が山肌に残されていた。ロッジや山荘もあったようであるが廃墟となっている。そんな気持ちを一転させたのが、二セコ五色温泉の広々とした火山風景と茶色に統一さ

ニセコ薬師温泉源泉

れた旅館の建物であった。他に二セコ山の家と二セコ五色温泉インフォメーションセンターの建物が見えた。しかし、二セコ山の家は平成28年（2016年）を最後に休業し、二セコ五色温泉は１軒宿の温泉地となってしまった。

　二セコ五色温泉は二セコ積丹小樽海岸国定公園の領域に属しているが、国立公園ほどの環境保全の規制が厳しくなく、廃墟となった観光施設が放置されたままである。アンヌプリの中麓とチセヌプリの中麓とでは雲泥の差があり、その明暗を分けているのは不動産価値の差である。グランヒラフの不動産所有者は外国人が圧倒的に多く、チセヌプリとイワオヌプリの再開発は外国人投資家に委ねた方が良いだろう。

　旅館の前には10台ほどの車が停まっていて、日帰り入浴者もいるようだ。晴天ではなかったので、露天風呂からの眺めは期待薄であったが、二セコ温泉郷では好きな白濁した硫黄泉である。源泉はイワオヌプリの沢に湧出していて、塩ビパイプで引湯しているようだ。源泉には小さな湯船があって、野湯も楽しめると言う。この温泉地は紅葉シーズンが最高のロケーションで、野湯に入浴するならこの時期に限られるだろう。

　旅館は「日本温泉遺産を守る会」に選ばれる価値はあるが、北海道で秘湯の宿に選ばれた３ヶ所の温泉宿が消滅している。温泉宿のサポートする認定でもないし、人気ランキングに類似した内容である。旧厚生省が指定した「国民温泉保養地」は、環境省に所管が移っているが、補助金を出すわけでもなさそうだ。全国で92ヶ所が選定され、北海道には15ヶ所あるが、上ノ国町の湯ノ岱温泉などは宿泊施設がなくなっている。

M印象歌：「消えてゆく　温泉宿の　哀れさよ　恵めの出湯　涙と変わり」

12) 登別温泉滝乃家別館玉乃湯

A 発見者：江戸時代（1700年頃）にア
　　イヌの人々が発見。

B 開湯：安政5年（1858年）に岡田半
　　兵衛（生没年不詳）が湯小屋を開設。
　　滝乃家は大正6年（1917年）の開業、
　　開湯164年、創業105年。

C 湯守：岡田半兵衛→滝本金蔵→栗
　　林五朔→㈱登別温泉観光ホテル滝
　　乃家。

D 泉質泉色：含硫黄－ナトリウム－硫酸塩泉、乳白色、硫黄臭。

E 泉温泉性：69.3℃（外気温不明）、酸性（pH2.5）、浸透圧（低張性）。

F 湧出量：2,200ℓ/m（1号乙泉・自噴）。

G 温泉効能：心臓病、高血圧症、慢性関節炎、皮膚病、湿疹、動脈硬
　　化、リウマチなど。

H 温泉の特色：にっぽんの温泉100選、にっぽん温泉遺産100選、加水
　　掛け流し。

I 主な宿泊者：昭和天皇・皇后両陛下が昭和29年（1954年）と昭和36年
　　（1961年）に宿泊。

J 所在地及び標高(海抜)：登別市登別温泉町（胆振支庁）、198m。

K 旅館の概要：鉄筋コンクリート造5階建て1棟、客室24室。

L 入浴日：未入浴。

M 寸評：北海道で最も有名な温泉地と言えば登別温泉で、江戸時代後
　　期の安政5年（1858年）に開湯された。最古の温泉宿は、湯もとの滝
　　本（現・第一滝本本館）で、明治21年（1888年）に滝本金蔵（1826~1899）
　　が開業した。大正2年（1913年）には実業家の栗林五朔（1866~1927）
　　によって登別温泉の全物件が買収されて、馬車鉄道が開通される。
　　温泉の開発も進められ、大正6年（1917年）に高級な旅館として滝乃
　　家が開業する。

　　　登別温泉を初めて訪ねたのは16歳の夏休みで、ユースホステルあ
　　かしや荘に泊って第一滝本本館の大混浴場に入浴した。最近では令
　　和元年（2019年）の年末に、憧れの第一滝本本館に泊ったが大混浴場
　　は既に廃止されていた。あまり大規模な温泉ホテルには泊まりたい
　　と思わないが、もう一軒の老舗ホテルである滝乃家は、昭和天皇も
　　泊られた由緒ある宿で、温泉道宝に選んだ。しかし、宿泊費が3万

円を超えると聞き、宿泊は叶わないと思って、せめて日帰り入浴でもと訪ねたが日帰り入浴は行われていなかった。

　滝乃家別館玉乃湯は男女それぞれに露天風呂付きの大浴場と露天風呂付きの家族風呂があるようだ。第一滝本本館の大浴場では、生ビールと日本酒の販売が行われていて、粋な配慮と感心したものであるが、滝乃家別館玉乃湯にはなさそうである。

　温泉に入って思う事は、昔は見知らぬ入浴客と一緒となった時は年配者から声をかけられることも多く、大概は「どこから来たのか」と質問された。「秋田から」と答えると、「秋田はどこよ」と聞いてくるので、「横手だよ」と答えると、俺の両親は「湯沢の出身だよ」と親しげに笑っていた顔を思い出す。北海道には全国各地から移住した人々が多く、日本人の見本市のようにも感じられる。浴場の中では人々は平等で、裸同士の付き合いが衣服や生活のしがらみから解放してくれる。滝乃家別館玉乃湯の浴場ともなれば、客層の生活レベルが高く、耳にすることもない知的な会話が弾んでいることもあるだろう。

N空想句：「湯船にて　徳利手にし　雪を見る」

13) 東大沼温泉旅館留の湯

A 発見者：寛政年間(1789~1800年)頃に発見されて安政年間(1854~1859年)頃に開湯。

B 開湯：明治9年(1876年)に正式に開業、開湯約165年、創業146年。

C 湯守：初代は不明→㈱グリーン・パワー。

D 泉質泉色：単純泉、無色透明、微鉄臭。

E 泉温泉性：41.3℃(外気温不明)、中性(pH7.4)、浸透圧(低張性)。

F 湧出量：162ℓ/m(源泉5本・自噴)。

G 温泉効能：神経痛、筋肉痛、関節痛、五十肩、痔疾、消化器病、冷え症など。

H 温泉の特色：湖畔近くの1軒宿、源泉掛け流し。

I 所在地及び標高(海抜)：亀田郡七飯町東大沼(渡島支庁)、88m。

J 旅館の概要：木造２階建て１棟・平屋建て１棟、客室15室。

K 入浴日：令和２年３月８日（日帰り）。

L 寸評：大沼国定公園の周辺には、様々な温泉地が点在するが、東大沼温泉の「旅館留の湯」の開湯が最も古い。江戸時代中期の寛政年間（1789~1800年）頃の古文書に「トメの湯とて又よき湯あり」と記されていると言われる。その後の安政３年（1856年）の駒ヶ岳の大噴火の時に「留の湯」の湯治客が被害にあったと記録され、既に湯治宿が開設されていたようだ。明治９年（1876年）には、現在地に留の湯が再建されて復活される。

　旅館留の湯には、大浴場の他に「安政の湯」と「新泉の湯」があって、建屋から少し離れた敷地に露天風呂の「折戸の湯」がある。新泉の湯と折戸の湯は、宿泊者専用の浴場であった。４ヶ所の浴場（湯殿）には、それぞれの別々の源泉が使用されているのも贅沢な話で、通常は混合して使用している例が多い。安政の湯の湯口から自噴する源泉100%は、約200年間も流れ続け、どれほどの人々に安らぎを与えてきたかは計り知れない。

　日帰り入浴したこの日は、函館七飯スノーパークでスキーをした直後であって、疲労した体の回復には効果てきめんに感じられた。こんなに素晴らしい温泉宿と早くから知っていれば、あらかじめ宿泊を申し込むべきだと、帰りの車の中で頻りに反省した。

　しかし、インターネットのウェブ情報によると、この年の令和２年（2020年）11月で閉館されることになったとあった。旅館留の湯は、大阪市に本社を置く、㈱グリーン・パワーが経営していた。コロナウイルスの影響で客足が鈍ったことも考えられるが、やはり知名度不足に原因があると思われる。昭和55年（1980年）頃から始まった秘湯ブームでも旅館留の湯は注目度が低かった。約150年の歴史があり、お金では得られない５本の自然湧出（自噴）の源泉を有しているのに、その価値を知る人は少ない。

　青森県の八甲田山中腹にある谷地温泉は、経営母体の破産で２度も閉館を余儀なくされた。それでも愛される温泉ゆえに不死鳥のように再建されて来た。谷地温泉を温泉国宝に選んだのも存続して欲しい願いもあったが、旅館留の湯も同様で再建して欲しい。

M 印象歌：「名湯の　灯火消える　寂しさは　湖畔に積もる　雪より深く」

14）二股ラジウム温泉旅館

A 発見者：熊の入浴をアイヌの人々が発見し、「神の湯」と名付けて
　利用したと伝承。

B 開湯：明治31年（1898年）に秋田県出身の嵯峨重良（生没年不詳）が湯
　治宿を開設、開湯・創業124年。

C 湯守：嵯峨重良→樋口善太郎→藤村篤治→清水目良一→三和ファイ
　ナンス→水の素㈱。

D 泉質泉色：ナトリウム・カルシウム－塩化物泉、黄褐色、無臭。

E 泉温泉性：43.2℃（外気温不明）、中性（pH7.1）、浸透圧（等張性）。

F 湧出量：不明。

G 温泉効能：神経痛、筋肉痛、関節痛、五十肩、運動麻痺、打ち身、痔疾、
　冷え症など。

H 温泉の特色：渓谷の1軒宿、石灰華、源泉掛け流し。

I 所在地及び標高（海抜）：山越郡長万部町大峯（渡島支庁）、178m。

J 旅館の概要：木造2階建て2棟、ドーム造3階建て1棟・平屋建て
　1棟、客室59室。

K 入浴日：平成21年5月6日（宿泊）。

L 寸評：秘湯ファンでは、「二股ラジウム温泉」の名を知らない人は
　殆どいないと思う。私が初めて秘湯に関する本を手にしたのが、昭
　和60年（1985年）に日本交通公社（現・JTB）から発行された『秘湯の
　宿』である。この本には北海道から上の湯銀婚湯、二股ラジウム温
　泉旅館、雌阿寒温泉野中旅館、芽登温泉ホテルの5ヶ所が紹介され
　ていた。そんな影響から一度は泊まりたいと憧れるようになった。
　　二股ラジウム温泉の発見は、熊の入浴をアイヌの人々が発見した
　とされるが、東北では傷付いた鹿や猿、鶴や鷹の入浴伝説が多い。
　明治31年（1898年）に秋田県出身の入植者・嵯峨重良が湯治宿を開業
　したことに始まる。温泉の建物は、温泉の成分が沈殿して造られた
　巨大な石灰華ドーム（長さ400m、幅200m、厚さ25m）の上に建って
　いる。ドームは北海道指定の天然記念物で、大変に貴重である。
　　温泉地は長万部岳の雪深い奥地に立地し、温泉旅館の維持管理の
　困難さから何度も経営者が変わっている。平成12年（2000年）に消費
　者金融の三和ファイナンスが買収するが、平成23年（2011年）に破綻
　する。平成23年（2018年）に水の素㈱に移行されているが、再建され
　た三和グループの子会社のようである。
　　平成21年（2009年）5月、新緑の二股ラジウム温泉旅館を訪ねて宿

泊したが、新装された浴場の多さに驚いた。女性風呂には泉温の異なる浴槽が2つ、内湯と露天風呂にあつて、男性風呂にも泉温の異なる浴槽が2つある。混浴大浴場には泉温の異なる浴槽が4つ、露天風呂2つと小さなプールがあった。露天風呂の目の前には、石灰華ドームが屹立していて、世にも珍しい景観である。黄褐色を帯びた温泉は、源泉掛け流しで弱アルカリ性に近い中性であった。温泉に関しては申

二股ラジウム温泉

し分ないが、金融会社の運営では旅館やホテルの経営に関するノウハウが乏しく感じられた。食事は美味しくもなく、従業員の接客態度も褒められたものではないし、2度目はないと思うほどであった。

M印象歌：「石灰華 ここに泊って 正解か 威張湯守に 頭下げつつ」

15) 上の湯温泉銀婚湯

A発見者：江戸末期(1800年頃)に発見されて、明治初年の函館戦争で幕府軍負傷者が湯治。

B開湯：大正15年(1926年)に初代・川口福太郎(生没年不詳)が開湯し大正天皇の銀婚式に因み命名。昭和2年(1927年)に開業、開湯96年、創業95年。

C湯守：川口福太郎→2代目不明→川口忠勝→川口洋平氏。

D泉質泉色：ナトリウム－塩化物・炭酸水素塩・硫酸塩泉、淡灰色透明、無臭。

E泉温泉性：90℃(外気温不明)、中性(pH7.3)、浸透圧(低張性)。

F湧出量：170ℓ/m(自噴源泉5本)。

G温泉効能：神経痛、肩こり、腰痛、火傷、皮膚病、漆負けなど。

H温泉の特色：日本秘湯を守る会、源泉掛け流し。

I主な宿泊者：不明(松浦武四郎が弘化3年に入浴)。

J所在地及び標高(海抜)：二海郡八雲町上の湯(渡島支庁)、67m。

K旅館の概要：木造2階建て2棟、客室21室。

L入浴日：平成21年5月7日(宿泊)。

M寸評：上の湯温泉銀婚湯は「銀婚湯温泉」や「温泉旅館銀婚湯」とも称されて、内浦湾に流れ込む落部川の中流にある温泉地であ

る。温泉は山狩りをしていたアイヌが発見したともされ、明治初年（1978～79年）の函館戦争で負傷した幕府軍が湯治したとされる。大正15年（1926年）にボーリングして新しい湯脈を掘り当てて、昭和2年（1927年）に開業した。

　先日泊った二股ラジウム温泉旅館とは対照的で、創業当時から川口家の家族経営で存続している。旅館の規模にもよるが、創業者一族が湯守をするのが理想的であるが、やむを得ないで理由で廃業して譲渡する際は、顧客を大切にする人に継承させた方が良い。ある意味で温泉は、松尾芭蕉さんが唱えた不易流行の文化でもあって、未来に残すべき遺産と思う。

　銀婚湯を初めて訪ねて驚いたのは、1万坪（33,000㎡）に及ぶ広大な敷地にある自然の豊かさと露天風呂の多さであった。敷地内には落部川が流れていて、川向に4ヶ所の露天風呂（トチニの湯・奥の湯・もみじの湯・どんぐりの湯）が点在する。館内の大浴場は男女共にプールのような大きさで、家族風呂もあった。男女それぞれの露天風呂と家族用の露天風呂（かつらの湯）がある。トチニの湯は栃の木をくり抜

どんぐりの湯

いた湯船で、単独の源泉が流れていた。浴衣を脱いでは着たりするのが面倒臭く思うほどの湯めぐりとなった。

　夕食は献立表まで添えられた贅沢な料理で、前菜7品・造り・焼物・仲者物・鍋物・揚げ物・小鉢、そして御飯と味噌汁、デザートとなっていた。昨日の宿とは雲泥の差で、「日本秘湯を守る会」の会員の宿に相応しい内容であった。「日本秘湯を守る会」の宿泊は、銀婚湯の宿泊で20泊目となったが、10泊すると泊った会員宿に1泊無料で招待される特典がある。私は出来るだけ宿泊費の高い会員宿を選んで招待されて来たが、銀婚湯の宿泊費は比較的安価で、無料招待の会員宿には該当しないようだ。それでも再び泊ってみたい宿に変りなく、新緑とは対照的な紅葉シーズンに訪ねたいと思った。

N印象歌：「結婚の 節目に泊る 夫婦あり 月もめでたい 銀婚湯かな」

16)鹿部温泉鹿の湯
しか べ

A発見者：寛文元年(1661年)、津軽出身の伊藤源五郎が傷付いた鹿の
　入浴を見て発見。

B開湯：明治14年(1881年)に４代目源五郎が温泉宿を建て開湯。大正
　９年(1920年)に鹿の湯として開業、開湯141年、創業102年。

C湯守：伊藤源五郎→伊藤英俊→伊藤恵子氏。

D泉質泉色：ナトリウム－塩化物・硫酸塩泉、無色透明、無臭。

E泉温泉性：77.5℃(外気温不明)、中性(pH6.9)、浸透圧(低張性)。

F湧出量：100ℓ/m(源泉３本・自噴)。

G温泉効能：神経痛、筋肉痛、関節痛、五十肩、運動麻痺、打ち身、
　慢性消化器病など。

H温泉の特色：間歇泉公園にある温泉郷、加水掛け流し。

I所在地及び標高(海抜)：茅部郡鹿部町鹿部(渡島支庁)、15m。

J旅館の概要：木造２階建て２棟、客室10室。

K入浴日：未入浴。

L寸評：鹿部温泉は内浦湾に面した温泉地で、間歇泉で有名である。
かんけつせん
　温泉は江戸時代前期の寛文元年(1661年)、津軽からの昆布採取に訪
　ねて来た伊藤源五郎(生没年不詳)が傷付いた鹿の入浴を見て発見し
　たとされる。明治14年(1881年)に４代目伊藤源五郎(生没年不詳)が
　温泉宿を建て開湯し、明治42年(1899年)には「長命館」と称されて、
　大正９年(1920年)に「鹿の湯」として正式に開業される。また、明
　治34年(1891年)には、医師の相沢 良 恂 (生没年不詳)が温泉病院と
　　　　　　　　　　　りょうじゅん
　温泉旅館亀乃湯を開業している。

　　温泉地に発展するのは昭和40年(1965年)代からで、吉の湯や亀の
　湯が開業する。昭和61年(1986年)のアサヒ出版の「宿泊表」には、
　鹿の湯、吉の湯、こにし旅館、ビューロッジ鹿部、鹿部観光ホテル、
　ホテルニュー鹿部が記載されていた。しかし、現在は４軒の小規模
　な温泉宿が残っているだけ
　で、温泉街としては消滅し
　て湯郷と呼ぶに相応しい。

　　鹿部温泉には「しかべ間
　歇泉公園」を訪ねた際、足
　湯に浸かっただけで終って
　しまった。間歇泉のあると
　ころ必ず温泉ありで、宮城

間歇泉

県大崎市の鬼首温泉にも間欠泉がある。いずれも約10分間隔で、地上15mほどの高さに噴出する。この豊富な熱資源を利用した鰻の養殖が行われ、鹿の湯の先代も関わっていたようである。

　鹿部温泉鹿の湯のホームページを見てみると、和風の木造2階建てで平成5年(1933年)に改築されて、客室は10室に減らしたとある。平成29年(2017年)には浴場がリニューアルされている。男湯と女湯のそれぞれにはは内風呂と露天風呂があって、露天風呂にはツツジの花が咲き、庭園の中に露天風呂が設えてある雰囲気である。夕食の献立も写真を見る限りは、造りや焼物などの10皿に鍋料理に茶碗むしと豪華な内容である。これで2名利用時の宿泊料金が9,500円〜12,800円とリーズナブルで、直ぐにでも予約を入れたい心境にさせる。「日本秘湯を守る会」に加入していれば文句なしの温泉宿で、それでも泊まりたい宿である。

M印象歌：「秘湯とは　辺鄙な宿を　指すけれど
　　　　　　　　　　自噴の湯こそ　秘湯と思う」

17）知内温泉旅館殿の湯（ユートピア和楽園）

A発見者：宝治元年(1247年)に湯主・荒木大学(生没年不詳)が発見。

B開湯：明治27年(1894年)に佐藤弥右衛門(生没年不詳)が知内温泉和楽園を開業、開湯775年、創業128年。

C湯守：戸門治兵衛(初代)→戸門三重郎(3代目)→戸門八太郎(11代目)→佐藤弥右衛門(12代目)→佐藤昌介氏(16代目)→佐藤昌彦氏(17代目)。

D泉質泉色：ナトリウム－塩化物・炭酸水素塩泉、薄茶色、無臭。

E泉温泉性：上の湯60.4℃・下の湯49.6℃(外気温不明)、中性(pH7.0)、浸透圧(低張性)。

F湧出量：114ℓ/m(1号・2号・3号泉・自噴)、370ℓ/m(4号泉・動力揚湯)。

G温泉効能：神経痛、胃腸病、火傷、婦人病、打ち身、創傷、皮膚病など。

H温泉の特色：日本秘湯を守る会、北海道最古の温泉、源泉掛け流し。

I 主な宿泊者：松前藩主・松前高広（1643～1665）が寛文５年（1665年）死去する直前に湯治。

J 所在地及び標高(海抜)：上磯郡知内町湯ノ里（渡島支庁）、42m。

K 旅館の概要：鉄骨造２階１棟・木造平屋建て１棟、客室23室。

L 入浴日：未訪問。

M 寸評：知内温泉は松前半島の南部に位置する１軒宿の温泉で、北海道最古の歴史を誇る温泉地である。鎌倉時代初期の宝治元年（1247年）、源頼家の家臣・荒木大学が金鉱探索の際に発見して湯主となったとされるが、頼家については鎌倉殿ではないかと思う。それ以前にアイヌの人々が利用していたとする説もある。江戸時代には福島村（現・福島町）の名主・戸門治兵衛（生没年不詳）が松前藩から湯守を命じられて11代目を数えた。

明治27年（1894年）に佐藤弥右衛門（生没年不詳）が温泉の権利を買収して、知内温泉和楽園を開業する。実質的な創業はこの開業で、それでも128年目を数える。知内温泉の魅力は源泉の豊富さで、４本の源泉を持ち、上の湯、下の湯、殿の湯、奥方の湯にそれぞれ引湯されている。旧館の下の湯に供用される４号泉（井）だけは動力揚湯であるが、他の浴場には自噴する源泉を使用しているようだ。浴場の写真を見る限りでは、薄茶色をした湯の成分が湯口はのみならず、床にまで薄茶色に染めていた。

食事については、「日本秘湯を守る会」の案内書『日本の秘湯』には、「新鮮な魚介類が水揚げされる漁港が近く、知内川の支流で獲られるアユ、ヤマメ、イワナは１年を通じて味わえ、近くの山野では山菜が採れ、季節の山海の幸が食膳に並ぶのがうれしい。柔らかくクセのない天然のカモを使ったカモ鍋は自慢の一品である。」と書かれている。

知内温泉は会員旅館でもあることから１度は泊まりたいと願っていたが、函館中心部から約50kmも離れていて、城下町の松前を除くと魅力的な観光地が少ないのが難点である。10年ほど前の５月連休、松前公園の花見に訪ねた際、知内温泉に宿泊を申し込んだが満室で断られた経験がある。しかし、知内温泉の直ぐ側には、「日本三百名山」の大千軒岳（1,072m）があるので、登山を兼ねて宿泊するのは、時間と金の問題である。

N 空想歌：「登山後は 温泉宿が 欠かせない

　　　　　　イワナの刺身 また骨酒と」

4、勝手に温泉市宝・温泉町宝・温泉村宝

　自然湧出の自噴はではない動力揚湯の温泉であっても、開湯または開業が80年以上の歴史のある温泉施設で、市町村が温泉遺産と認定する参考になればと選定した。

01）豊富温泉川島旅館、開湯96年　　　　　　　　天塩郡豊富町（町宝）
02）温根湯温泉大江本家、開湯123年　　　　　　　　　　北見市（市宝）
03）川湯温泉湯の閣池田屋、開湯136年　　　　川上郡弟子屈町（町宝）
04）阿寒湖温泉ホテル阿寒湖荘、開湯89年　　　　　　　釧路市（市宝）
05）十勝川温泉笹井ホテル、開湯109年　　　　　河東郡音更町（町宝）
06）小金湯温泉湯元まつの湯、開湯135年　　　　札幌市南区（市宝）
07）定山渓温泉定山渓ホテル、開湯152年　　　　札幌市南区（市宝）
08）洞爺湖温泉洞爺湖万世閣ホテルレイクサイドテラス、開湯105年
　　　　　　　　　　　　　　　　　　　　　虻田郡洞爺湖町（町宝）
09）カルロス温泉深山の庵いわい（ホテル岩井）、開湯123年
　　　　　　　　　　　　　　　　　　　　　　　　登別市（市宝）
10）北湯沢温泉緑の風リゾートきたゆざわ、開湯140年　伊達市（市宝）
11）千走川温泉ちばせ川旅館、開湯137年、1軒宿
　　　　　　　　　　　　　　　　　　　　　島牧郡島牧村（村宝）
12）見市温泉大塚旅館、開湯154年、1軒宿　　二海郡八雲町（町宝）
13）濁川温泉新栄館、開湯215年　　　　　　　茅部郡森町（町宝）
14）湯の川温泉割烹旅館若松、開湯369年　　　　　　函館市（市宝）
15）川汲温泉旅館、開湯193年　　　　　　　　　　　函館市（市宝）
　以上15ヶ所を選定。

※カルロス温泉深山の庵いわいは、休業して売却先を探しているようであるが、再建されることを願って温泉市宝に選定した。また、秘湯の1軒宿も遺産としての存続して欲しいと願うし、濁川温泉新栄館に関しては昭和時代の温泉遺構として保存を期待したい。

　この選定の中で、超大型の温泉リゾートも含まれているが、老舗の旅館やホテルが発展しない限り、その温泉地は衰退する。経営者が変わっても存続することが第一で、北湯沢温泉緑の風リゾートきたゆざわ、湯の川温泉割烹旅館若松などは、創業家とは殆ど関わりがない企業が、その歴史を受け継いでいる。

　老舗の温泉旅館や温泉ホテルでもあっても世代が代わると、「おもてなし」の雰囲気も変わり、常連客も変化する。温泉宿の女将さんが、

テレビの温泉番組に紹介されると、直ぐに予約が殺到すると聞く。中には若女将のキャラで、廃業間際の日帰り温泉を全国区にした福島県の温泉もある。松尾芭蕉さんが唱えた「不易流行」は、温泉は変わることのない不易で、その湯守は流行なのである。私が一番嫌うのが、男性の主人や館主の驕りで、「泊めてやっている」と言う気持ちが強く、予約の電話を入れても主人の気分次第の面がある。

　宿泊者が一方的に頭を下げる風習は、電話による予約の名残である。昭和時代の温泉地では、その駅前やバスターミナルで旅館やホテルの幟を振って観光客を勧誘する番頭さんの姿があった。そんな思い出も遠い昔の話となって、インターネットのウェブで自由に予約ができる時代となって、飛び込みの投宿以外は電話予約を極力避けている。

01）豊富温泉川島旅館

A 発見者：大正15年（1926年）
　に石油試掘中に天然ガスと
　ともに湧出し発見。

B 開湯：昭和2年（1927年）に
　開業、開湯・創業96年。

C 湯守：川島末吉→川島幸枝
　→㈱川島旅館。

D 泉質泉色：含ヨウ素－ナトリウム－塩化物泉、笹色混濁、石油臭。

E 泉温泉性：35℃（外気温不明）、弱アルカリ性（pH7.8）、浸透圧（高張性）。

F 湧出量：151ℓ/m（混合泉・自噴）。

G 温泉効能：アトピー皮膚炎、皮膚病、火傷、関節リウマチ、神経痛、五十肩、痔疾など。

H 温泉の特色：国民温泉保養地（平成4年指定）、モール泉、源泉加温掛け流し。

I 所在地及び標高（海抜）：天塩郡豊富町湯泉（宗谷支庁）、30m。

J 旅館の概要：木造2階建て2棟・平屋建て1棟、客室17室。

K 入浴日：令和2年1月11日（宿泊）

L 寸評：豊富温泉は道北のサロベツ原野に近くにある温泉地で、最北の温泉と称されているが、昭和53年（1978年）に稚内温泉が開湯しているので正しくはないようだ。豊富温泉は大正15年（1926年）、石油の試掘中に地下約960mの地点から天然ガスとともに温泉が湧出し

て発見された。昭和2年(1927年)に川島末吉(生没年不詳)によって湯小屋が開業されて、実質的な開湯となった。

　昭和33年(1958年)に町営元湯館が開業し、昭和40年(1965年)には町営豊富温泉スキー場が開設された。冬期間の集客を目的に温泉地にスキー場が開設されて、温泉の名の付くスキー場も多い。昭和54年(1979年)に町営元湯館が火災で焼失すると、昭和63年(1988年)には町営ニューホテルサロベツがオープンしている。しかし、赤字が続き民間に譲渡されたものの、平成21年(2009年)には廃業した。町営元湯館の跡地には、町営の日帰り温泉施設・ふれあいセンターが新築されて、更に平成11年(1999年)には町営温泉保養宿泊所・湯快宿がオープンする。これほど民営施設を圧迫する町営施設は珍しい。

　それに比べると、老舗旅館の川島旅館は逞しく、3代目を継いだ松本康宏氏によって株式会社に改められ、平成28年(2016年)に木造2階建ての立派な旅館として改築される。館内の1階に2ヶ所の大浴場があって、露天風呂が附帯していた。早朝に男湯と女湯が入れ替わり、両方の大浴場での入浴が楽しめる。他には貸切露天風呂もあって、外階段から出入りするようであったが、1人で利用する人はいないと思う。この温泉の魅力は化石海水のモール泉で、油臭があるものの最近になって注目を浴びるようになった。

　温泉の効用は、アトピー皮膚炎や皮膚病の治療に良いと評判となって、全国各地から湯治に訪ねる人々が増えるのである。現在の豊富温泉には、川島旅館の他に、ホテル豊富、ニュー温泉閣ホテル、ホテルウイン、ウカスイモシリ(湯治宿)と町営の湯快宿がある。町営のふれあいセンターは、平成29年(2017年)に厚生労働省の「温泉利用型健康増進施設」に認定されたが、国民温泉保養地と同様に形骸化しないように願うだけである。

M印象歌：「町営の　宿は移りて　変遷す　じっと構える　開湯の宿」

02)温根湯温泉大江本家

A 発見者：明治24年(1891年)、
アイヌの人々の入浴してい
た温泉を道路の開発で発見。

B 開湯：明治32年(1899年)に
国沢嘉右衛門と大江与四郎
がそれぞれ温泉宿を開業、開湯・創業123年。

C 湯守：大江与四郎→大江与四太→㈱大江本家。

D 泉質泉色：単純硫黄泉、無色透明、無臭。

E 泉温泉性：53.7℃(外気温不明)、弱アルカリ性(pH9.1)、浸透圧(低
張性)。

F 湧出量：283ℓ/m(組合混合泉・動力揚湯)。

G 温泉効能：神経痛、筋肉痛、関節痛、疲労回復、五十肩、打ち身、
慢性消化器病など。

H 温泉の特色：美白の湯、源泉掛け流し。

I 所在地及び標高(海抜)：北見市西留辺蘂(オホーツク支庁)、273m

J 旅館の概要：鉄筋コンクリート造地下１階地上10階建て１棟・８階
建て１棟・５階建て棟、４階建て１棟、客室189室。

K 入浴日：未入浴。

L 寸評：温根湯温泉は、大雪山国立公園の層雲峡と網走国定公園を結
ぶ道東のゴールデンルートの中間地点に近い場所に位置する。古く
からアイヌの人々に利用された温泉で、明治24年(1891年)に旭川か
ら網走への道路開発で発見された。明治32年(1899年)に本州から入
植者した国沢嘉右衛門(生没年不詳)と大江与四郎(生没年不詳)に
よって温泉宿が開業される。大江与四郎の温泉宿は大江本家として
存続している。

　温根湯温泉は昭和40年(1965年)代に入ると、大江本家、花水荘(旧
国沢旅館)、温根湯ホテル(旧大江新館)、武華ホテルなどの大型の
ホテルが建てられて、温泉街が形成される。その後のバブル崩壊で
武華ホテルは廃業する。

　平成８年(1996年)には、道の駅おんねゆ温泉「果夢林」がオープ
ンしている。しかし、観光入込客は平成10年(1998年)の約94万人を
ピークに減少し、平成18年(2006年)には約23万人まで落ち込んだ。
そのため廃業するホテルが続出し、令和４年(2022年)の現在の温泉
ホテルは大江本家が１軒、温泉旅館では旅館光陽荘が１軒だけと淋

しい温泉街となった。

　消滅寸前の温根湯温泉で最後の牙城のように聳え建つのが、大江本家の４棟の建物である。静山閣第一は昭和45年(1970年)、静山閣第一は昭和52年(1977年)、聴水閣は昭和60年(1985年)、飛燕閣は平成９年(1997年)の建築である。コロナウイルスの影響で休館していた時期もあったが、令和４年(2022年)の現在は営業を再開しているようで安堵している。

　温根湯温泉の魅力は歴史と豊富な温泉で、温根湯温泉利用協同組合の組合１・２・３号混合泉は独占状態である。大江本家の温泉は加温や加水もなく、ろ過循環もされていない100％源泉掛け流しの天然温泉である。車で通過したたけで館内に入っていないが、聴水閣１階に男性大浴場、２階に女性大浴場があるようである。ウェブの情報では、サウナ風呂・岩風呂・露天風呂・ジャグジーバス・寝湯・打たせ湯・浴槽３ヶ所・水風呂２ヶ所の大浴場で、登別温泉第一滝本本館の大浴場に類似するように見える。

M空想句：「無加川に　聳ゆる宿に　春めぐる」

03)川湯温泉湯の閣池田屋

A発見者：発見者は不明であるが明治19年(1886年)に利用される。

B開湯：明治37年(1904年)にロシア風建築の宿が開業。昭和27年(1952年)に湯の閣ホテルが開業、開湯136年、創業70年。

C湯守：湯の閣ホテル→㈲ホテルニュー湯の閣→北海道センタービレッジ㈱。

D泉質泉色：含鉄(Ⅱ)－ナトリウム－塩化物・硫酸塩泉、無色透明、無臭。

E泉温泉性：45.9℃(外気温23℃)、強酸性(pH1.8)、浸透圧(低張性)。

F湧出量：不明(１号・６号混合泉を動力揚湯)。

G温泉効能：冷え症・消化器病・神経痛、筋肉痛、関節痛、打ち身、高血圧・婦人病など。

H温泉の特色：にっぽんの温泉100選、源泉掛け流し。

I所在地及び標高(海抜)：川上郡弟子屈町川湯温泉(釧路支庁)、132ｍ

J 旅館の概要：鉄筋コンクリート造5階建て1棟・鉄骨造3階建て1棟、客室12室。

K 入浴日：未入浴。

L 寸評：北海道の大きな特徴としは、天然の湖沼がが多く、国立天文台が編集している『理科年表』の「日本のおもな湖沼」70ヶ所には北海道が21ヶ所もあって、ダントツの1位である。その中に摩周湖と屈斜路湖があるが、そのほぼ中間に位置するのが川湯温泉である。古くから温泉が川に流れていて、その湯元付近に明治19年（1886年）、温泉宿が開業された記録が残るが、鉱夫の賭博場となって風紀上の問題で閉鎖されたと言う。

　明治37年（1904年）にロシア風建築の温泉宿が開業し、これが川湯温泉の実質的な開湯とされる。大正時代まではこの1軒のみ営業であったが、昭和時代になると自動車道路が開通し、温泉街へと発展する。大正15年（1926年）に川湯第一ホテルが開業するが、令和元年（2019年）に破産し、昭和27年（1952年）に開業した湯の閣ホテルが現在では最も古い。

　平成3年（1991年）のピーク時は、宿泊客が約73万人であったが、令和2年（2020年）は約9万人と激減している。私が川湯温泉を初めて訪ねたのは半世紀前で、その時は川湯グランドホテルに泊まったが、そのホテルも今はない。当時の川湯温泉では最も高級なホテルで、ホテルの名の入った荷物タグとマッチは大切に保管している。

　湯の閣ホテル池田屋もウェブの情報によるが、昭和49年（1974年）に現在の建物に増改築されると、「ホテルニュー湯の閣」に改称している。平成16年（2004年）にリニューアルすると、5階建ての本館を湯の閣、3階建て別館を池田屋と称した。しかし、㈲ホテルニュー湯の閣が破綻すると、平成27年（2015年）に北海道センタービレッジ㈱が事業を継続して別館のみの営業を行っているようだ。

　ウェブ上の大浴場を見ると、大きな浴槽の中心に立て石が置かれ、屈斜路湖の中島を模しているようである。露天風呂の囲い塀にも中島の雲海と夕陽を拡大した写真が掲げられていて、粋な配慮が感じらる。混浴の露天風呂もあって、1度は入浴したと思う。

M 空想句：「湯船にも　秋を見るなり　屈斜路湖」

04)阿寒湖温泉ホテル阿寒湖荘

A 発見者：明治10年（1877年）頃にアイヌの人々の
　入浴を発見。

B 開湯：明治45年（1912年）に旅館が建てられ開湯。昭和8年（1933年）
　に古島力（生没年不詳）が阿寒湖荘を開業、開湯・創業89年。

C 湯守：古島力→㈱阿寒リゾート。

D 泉質泉色：単純泉、無色透明、無臭。

E 泉温泉性：58.7℃（外気温不明）、弱アルカリ性（pH6.8）、浸透圧（低
　張性）。

F 湧出量：650ℓ/m（動力揚湯）。

G 温泉効能：神経痛、筋肉痛、関節痛、五十肩、慢性消化器病、打ち
　身、挫き、痔疾など。

H 温泉の特色：にっぽんの温泉100選、源泉掛け流し。

I 主な宿泊者：昭和天皇・皇后両陛下が昭和29年（1954年）、森繁久弥
　（1913〜2009）が昭和40年（1965年）に宿泊。

J 所在地及び標高(海抜)：釧路市阿寒町（釧路支庁）、427m

K 旅館の概要：鉄筋コンクリート造6階建て2棟、客室78室。

L 入浴日：未入浴。

M 寸評：阿寒湖の湖畔にある阿寒湖温泉は、アイヌの人々が古くから
　温泉を利用していたとされ、明治45年（1912年）には旅館が建てられ
　て開湯したとされる。しかし、実際の開湯は、昭和8年（1933年）に
　古島力によって阿寒湖荘が開業された時であろう。また、明治43年
　（1914年）には、元官僚で実業家の前田正名（1850〜1921）が国から阿
　寒湖の土地約3,800haを取得して阿寒湖の自然保護に尽力した。正
　名の義理の娘・光子（1912〜1983）は、正名の意思を受け継ぎ、「前
　田一歩園」を設立している。アイヌの人々に土地を譲り支え、アイ
　ヌコタンが開設される礎に寄与し、アイヌの人からは「阿寒の母（ハ
　ポ）」と尊敬されたと聞く。

　　阿寒湖には何度が訪ねたが、阿寒湖温泉に宿泊したのは最近のこ
　とで、温泉宿はホテル御前水（旧ホテルニュー大東）である。ホテル
　阿寒湖荘は、天皇陛下がお泊りとなった宿なので、敷居が高く庶民
　の泊る宿ではないと思っていた。ホテルや旅館には格付けがあって、
　外国人観光客が泊っても対応できる宿を「政府登録国際観光旅館」
　としている。その次ぎが日本観光旅館連盟の「日観連」のホテルや
　旅館で、ホテル阿寒湖荘は当然ながら政府登録旅館のホテルで、ホ

テル御前水も同様であったが宿泊費に大きな差がある。

　現在のホテル阿寒湖荘は、昭和49年(1974年)の建築で、平成3年(1991年)に改築されている。鉄筋コンクリート造6階建ての外観ではあるが、客室は純和風のようである。平成14年(2002年)に完成した日本庭園には、「鹿鳴の湯」があって、600トンもの岩石を2階まで積み上げられた岩石露天風呂である。5階には展望浴場があって、阿寒湖の西側には雌阿寒岳と阿寒富士が聳えて見えるようだ。ウェブの情報によると、素泊まりで約7,000円、2食付でも約13,000円とリーズナブルな料金で、30年前の15,000円よりも安く、ホテル御前水よりも安い料金と知った時は少しショックを受けた。

N印象歌：「阿寒湖の　湖面に映る　阿寒岳　高い敷居が　低くなるとは」

05)十勝川温泉笹井ホテル

A発見者：明治33年(1900年)にアイヌの人々による薬の湯を依馬嘉平<ruby>依馬嘉平<rt>えまかへい</rt></ruby>(生没年不詳)が発見。

B開湯：大正2年(1913年)に前田友三郎(生没年不詳)が旅館を開業、開湯・創業109年。

C湯守：依馬嘉平→前田友三郎→林豊洲→笹井清志(3代目)→㈱笹井ホテル。

D泉質泉色：ナトリウム－塩化物・炭酸水素塩泉、茶褐色、無臭。

E泉温泉性：55.4℃(外気温不明)、弱アルカリ性(pH8.3)、浸透圧(低張性)。

F湧出量：670ℓ/m(動力揚湯)。

G温泉効能：神経痛、筋肉痛、心臓廟、五十肩、胃腸病、打ち身、創傷、皮膚病など。

H温泉の特色：にっぽんの温泉100選、モール泉。

I所在地及び標高(海抜)：河東郡音更町十勝川温泉(十勝支庁)、29m。

J旅館の概要：鉄筋コンクリート造6階建て2棟、鉄骨造平屋2棟。客室99室。

K入浴日：未入浴。

L寸評：北海道では最も面積が広い支庁が十勝支庁で、十勝の名称があちらこちらにあって、十勝岳温泉は名前は知っていたが、十勝川温泉の場所は曖昧に覚えていた。十勝川温泉が帯広市に隣接する音更町にあることを知ったのは最近のことである。

　十勝川温泉は明治初年に湿地帯に温泉が湧いていることが知ら

れ、アイヌの人々が「薬の湯」として利用されていたようである。明治33年(1900年)にその様子を発見した依馬嘉平は、１ｍ四方の箱にぬる湯を溜めて加熱して近所の人々と利用したとされる。大正２年(1913年)に本部の前田友三郎が手掘りで温泉(34℃〜42℃未満)を掘り当て、笹井ホテルの前身でもある総２階建ての旅館を開業したと言われる。昭和３年(1928年)には雨宮駒平(生没年不詳)がボーリングによって高温泉(42℃以上)を掘削し、雨宮温泉を開業した。昭和８年(1933年)に代議士の三井徳宝(1875~1952)が「十勝川温泉」と命名する。

　十勝川温泉を訪ねたのは、令和２年(2020年)１月であるが、他の温泉街と同様に廃墟と化した温泉ホテルもあって、ガーデンスパ十勝川温泉で日帰り入浴しただけである。この時、笹井ホテルの歴史や浴場の趣を知っていれば素泊まりでも空室の有無を問い合わせたと思う。１度は下見をして宿泊する価値のある温泉宿なのか、確認する必要性はある。その温泉宿の宿泊費が高ければ尚更で、後悔しないことに限る。

　十勝川温泉のモール泉は、モール温泉とも呼ばれ、地下500ｍ〜700ｍの植物性の化石の温泉脈から動力揚湯される。泉温が55℃〜60℃の高温泉で、弱アルカリ性のまろやかな泉質は美肌効果もあって「美人の湯」とも称される。

　その後の笹井ホテルは平成30年(2018年)に２階建ての別館から火災が発生する事故があった。ホテル経営に辣腕を振るった笹井清志(1946~2021)氏が死去し、４代目に受け継がれると、令和４年(2022年)に26年振りにリニューアルされた。円形と四角形の大浴槽、碗状のつぼ風呂、天然石の露天風呂とウェブの映像を見ただけでも入浴気分が伝わって来る。

Ｍ印象歌：「モール湯に　浸かっただけて　満足し
　　　　　　　白鳥を見る　十勝川かな」

06）小金湯温泉湯元まつの湯
こ がね ゆ

A 発見者：明治16年（1883年）頃に熊本からの入植者によってカツラの
　木の下から発見。

B 開湯：明治20年（1887年）に吉川太左衛門（生没年不詳）が開湯した後
　に吉川旅館を開業。昭和31年（1956年）に松の湯旅館が開業、開湯
　135年、創業64年。

C 湯守：斉藤源蔵→中谷与三右衛門→中谷ヨネ→㈱松の湯温泉旅館。

D 泉質泉色：単純硫黄泉、無色透明、無臭。

E 泉温泉性：27.6℃（外気温不明）、弱アルカリ性（pH8.2）、浸透圧（低
　張性）。

F 湧出量：12ℓ/m（自噴）。

G 温泉効能：リュウマチ・アトピー・神経痛、筋肉痛、関節痛、疲労
　回復、五十肩など。

H 温泉の特色：豊平川沿いの宿、加温濾過循環方式。

I 所在地及び標高（海抜）：札幌市南区（石狩支庁）、205m

J 旅館の概要：鉄骨3階建て1棟・平屋建て1棟、客室10室。

K 入浴日：未入浴。

L 寸評：札幌市の温泉地と言えば定山渓温泉だけしか知らなかった
　が、歴史のある温泉や自噴する温泉を調べていて小金湯温泉のこと
　を知った。札幌市内から定山渓温泉に向うと、その手前にある温泉
　地で、豊平川沿いに「湯元まつの湯」と「湯元小金湯」の2軒の温
　泉宿がある。どちらも「湯元」を自称していて選定に迷ってしまう。
　　湯元小金湯の開業は複雑で、昭和11年（1936年）に開業された湯元
　なかや温泉旅館が前身である。昭和54年（1979年）に小金湯クーア
　パークホテルに改称され、平成9年（1997年）に湯元中谷小金湯パー
　クホテルとなった。吉川旅館は昭和17年（1942年）に譲渡されて黄金
　湯温泉旅館と改称されるが、平成19年（2007年）に廃業した。その跡
　地を小金湯パークホテルが買収して平成20年（2008年）に湯元小金湯
　としてリューアルする。小金湯パークホテルの方は、湯元小金湯の
　別館となるのである。
　　一方の湯元まつの湯は、昭和19年
　（1944年）に札幌の料亭主人・斉藤源
　蔵（生没年不詳）が建てた別荘が前身
　で、昭和31年（1956年）に松の湯旅館
　を開業する。平成10年（1998年）に旬

小金湯まつの湯露天風呂

の御宿まつの湯としてリニューアルされた。まつの湯のホームページには湯元小金湯温泉まつの湯と明記されていて、湯元小金湯と対抗しているようにも思われる。

　2つの温泉を比較した場合、歴史的には湯元小金湯が有利であるが、源泉に関しては動力揚湯の湯元小金湯、自然湧出のまつの湯かである。いずれの温泉も加温して使用しているので条件は一緒であるが、私としは自然湧出の自噴泉の方が好きである。

　浴場の規模に関しては、湯元小金湯の方が大きく比較ならないが、まつの湯の豊平川を眺めながら入る露天風呂の方が味わい深く感じられる。湯元小金湯の露天風呂もつぼ風呂もあって趣があるが、コンクリート塀で囲まれた雰囲気は良いとは言えない。けれども正直な所、どちらの温泉も泊ってみたい気分させられる魅力はある。

M空想句：「目に浮かぶ　豊平川の　雪見酒」

07) 定山渓温泉定山渓ホテル

A発見者：江戸時代末期の安政5年(1858年)、探検家・松浦武四郎が発見。

B開湯：明治3年(1870年)に修行僧・美泉定山が開湯。大正7年(1918年)に元湯ホテルが開業、開湯152年、創業104年。

C湯守：美泉定山(壱の湯・元湯)→佐藤伊勢造→元湯ホテル→ホテル定山渓。

D泉質泉色：ナトリウム－塩化物泉、無色透明、無臭。

E泉温泉性：77.5℃(外気温不明)、中性(pH6.6)、浸透圧(低張性)。

F湧出量：200ℓ/m(22号泉・動力揚湯)。

G温泉効能：神経痛、筋肉痛、関節痛、疲労回復、五十肩、打ち身、慢性消化器病など。

H温泉の特色：にっぽんの温泉100選、にっぽん温泉遺産100選、札幌の奥座敷。

I所在地及び標高(海抜)：札幌市南区(石狩支庁)、272m。

Jホテルの概要：鉄筋コンクリート造地下1階地上12階建て1棟・6階建て2棟、客室195室。

K入浴日：未入浴。

L寸評：定山渓温泉は、登別温泉、湯の川温泉と並び「北海道三大温泉」に選ばれている温泉地で札幌の奥座敷とも称される。温泉は江戸時代末期の安政5年(1858年)、探検家・松浦武四郎(1818~1888)

が発見したとされるが、修行僧・美泉定山(1805~1877)がアイヌに
案内されて発見したとする説もある。しかし、明治３年(1870年)に
定山は既に湯治場を開いて湯守に命じられているので、美泉定山の
開湯は明白のようだ。

　明治13年(1880年)に美泉定山の跡を継いだ佐藤伊勢造(生没年不
詳)が「元湯」を佐藤温泉と改め、明治19年(1886年)に高山今朝吉
(生没年不詳)が「中の湯」を発見し、高山温泉を開業した。更に明
治30年(1897年)には「鹿の湯(山田温泉)」が開設された。大正７年
(1918年)に元湯ホテル、鹿の湯倶楽部が開業して、定山渓は行楽地
へと発展する。昭和の戦後になると、旅館やホテルの増改築や大型
化が進み、官公庁や企業の保養所などが続々と建てられる。

　定山渓温泉に初めて宿泊したのがホテル鹿の湯で、叔父の葬儀を
終えた後に秋田から参列した私たちに気付かって遺族が宿をとって
くれた。ホテル鹿の湯は、昭和２年(1927年)に設立された鹿の湯ク
ラブが前身である。元湯ホテルは昭和７年(1932年)に定山渓ホテル
に改称されて、ホテル鹿の湯とは老舗同士であるが、建物の規模に
関してはホテル鹿の方が上である。定山渓ホテルは地下１階～地上
12階建てであるのに対し、ホテル鹿の湯は地下２階～地上９階建て
の本館と地下１階～地上12階建ての花もみじを有していて、４階の
連絡通路で結ばれている。定山渓温泉を代表する老舗ホテルの貫録
が感じられる。

　定山渓ホテルには開湯した美泉定山像
が建てられ、定山の湯守を継承している
こともあって「温泉道宝」に選んだが、
令和３年(2019年)５月から休館としてい
て、湯守の存続が心配される。一日も早
い再開を願いたいし、その時には宿泊し
たいと希望する。

定山上人像

M印象歌：「コロナ禍や　患う人は　闘病し　老舗ホテルも　悪戦苦闘」

08)洞爺湖温泉洞爺湖万世閣ホテルレイクサイドテラス

A 発見者：大正6年(1917年)
に三松正夫らが湖岸の源泉
を発見。

B 開湯：大正6年(1917年)に
温泉宿竜湖館が開業し開
湯。昭和16年(1941年)に浜
野増次郎が既存の旅館万世
閣を買収し万世閣を開業、
開湯105年、創業81年。

C 湯守：三松正夫→洞爺湖温泉利用協同組合。

D 泉質泉色：ナトリウム・カルシウム－塩化物泉、無色透明、無臭。

E 泉温泉性：50.3℃(外気温3℃)、中性(pH6.7)、浸透圧(低張性)。

F 湧出量：1,410ℓ/m(共同泉・動力揚湯)。

G 温泉効能：神経痛、筋肉痛、関節痛、五十肩、冷え症、疲労回復、
慢性皮膚病など。

H 温泉の特色：にっぽんの温泉100選、にっぽん温泉遺産100選、源泉
掛け流し。

I 所在地及び標高(海抜)：虻田郡洞爺湖町洞爺湖温泉(胆振支庁)、
118m。

J 旅館の概要：鉄筋コンクリート造地下1階〜地上8階建て3棟、客
室246室。

K 入浴日：未入浴。

L 寸評：洞爺湖温泉の特徴は自然景観の美しさで、目前のカルデラ
湖には中島が浮かび、北西寄りの丘陵に道南の最高峰である羊蹄
山(1,898m)が聳える。洞爺湖温泉は大正6年(1917年)に三松正夫
(1888〜1977)らが湖岸の源泉を発見し、直ちに北海道庁の使用許可
を受け、秋には床丹温泉竜湖館の名称で温泉宿を開業した。昭和16
年(1941年)には浜野増次郎(1892〜1966)が旅館万世閣を買収して現
在の洞爺湖万世閣ホテルの礎を創った。昭和19年(1944年)、三松氏
の私有地に「昭和新山」が隆起して話題となる。

　昭和の戦後になると、現在の温泉中心部にホテルや旅館が続々と
建てられ、飲食店や土産物店などで温泉街が形成された。昭和35年
(1960年)には洞爺湖温泉利用協同組合が発足し、源泉が一元的に管
理されてホテルや旅館などに配湯される。洞爺湖温泉を一躍有名に

したのは、平成20年(2008年)にザ・ウィンザーホテル洞爺リゾート&スパにおいて「北海道洞爺湖サミット」が開催されたことである。

　洞爺湖には中学校の修学旅行に始めに何度となく来ているが、若い頃に訪ねた印象が心に残る。洞爺観光館ユースホステルに泊って洞爺サマーランドで遊んだ思い出か脳裏をよぎるが、いずれも消滅してしまった。温泉街の様子も大きく様変わりして、廃業して消え、経営者が変わって名称が変更となったホテルや旅館も多く、老舗と呼べるホテルは洞爺湖万世閣ホテルレイクサイドテラスだけとなってしまったのが残念である。

　洞爺湖万世閣ホテルレイクサイドテラスは、平成元年(1989年)に全館が改築され、平成20年(2008年)に改修されて現在の長い宿名に変った。平成24年(2014年)には経営の危機を迎え、新会社を設立して子会社などの再編成を行ってホテル事業は継続された。しかし、平成25年(2013年)には食材偽装表示で、消費者庁の指導を受けている。それでもグループ会社を含め、定山渓温泉で4軒、旭岳温泉で2軒、登別温泉で1軒のホテルを運営する大きな企業に他ならず、洞爺湖畔に聳えるホテルを城砦のように眺めた。

M印象歌:「一人旅　泊る宿には　有るまじき　分相応の　旅館に泊る」

09) カルロス温泉深山の庵いわい(ホテル岩井)

A発見者:明治19年(1886年)に郡役人・日野愛憲(生没年不詳)が発見。

B開湯:明治32年(1899年)に日野久橘(生年不詳~1935)が湯治宿・寿館を建て開湯。明治41年(1908年)に岩井仁太(生没年不詳)が千歳館を開業、開湯123年、創業117年。

C湯守:日野久橘→岩井仁太→㈱ホテル岩井→パーフェクトパートナー㈱。

D泉質泉色:単純泉、無色透明、無臭。

E泉温泉性:52℃(外気温不明)、中性(pH7.2)、浸透圧(低張性)。

F湧出量:1,200ℓ/m(源泉4本の混合泉・動力揚湯)。

G温泉効能:リウマチ、筋肉痛、腰痛、関節痛、疲労回復、捻挫、動脈硬化など。

H温泉の特色:国民保養温泉地(昭和32年指定)、登別温泉の奥座敷、源泉掛け流し。

I所在地及び標高(海抜):登別市カルルス町(胆振支庁)、330m。

J旅館の概要:鉄筋コンクリート造地下1階〜地上6階建て1棟、客

室40室。

Ｋ入浴日：未入浴。

Ｌ寸評：登別温泉から山間部
を８kmほど北西に入った先
に、登別温泉の奥座敷とも
称されるカルルス温泉はあ
る。明治19年（1886年）に室
蘭郡役人・日野愛憲が発見
する。明治21年（1889年）に
当時の札幌病院で温泉の成
分を分析をしたところ、チェ
コの古湯・カルルスバード
の泉質に類似していること
からカルルス温泉と命名さ
れたとされる。明治32年
（1899年）に日野愛憲の養子
で木材商を営む日野久橘が
湯治宿の寿館を建てて開業
する。これが実質的な開湯
で、寿館は経営に携わって

カルルス温泉遠景

カルルス温泉記念碑

いた市田重太郎（生没年不詳）に任せ、久橘は２軒目の洗心館を明治
37年（1904年）に開業する。更に明治41年（1908年）には常連客の岩井
仁太が千歳館を開業している。明治末期には宿３軒、共同浴場３棟
の湯治場となる。

　昭和の戦後になると、北海道では第１号となる「国民保養温泉地」
に指定され、昭和36年（1961年）には「国設カルルス温泉スキー場」
が開設された。新たな源泉掘削にも成功し共同利用が行われ、鈴木
旅館（旧寿館）、かめやカルルス館（旧洗心館）、岩井旅館（旧千歳館）
などの旅館が内湯を備えるようになった。温泉宿も増え、昭和34年
（1959年）にオロフレ荘、昭和50年（1975年）に山静館などが開業して
小さな温泉街となる。

　カルルス温泉を初めて訪ねたのは令和元年（2020年）12月末日で、
コロナウイルスが北海道に広まり始めた頃である。温泉地は閑散と
していて、車の出入りがあるのは鈴木旅館が１軒だけであった。カ
ルルス温泉では唯一の大規模なホテルである「深山の庵いわい」に

日帰り入浴しようと訪ねたが休館中であった。深山の庵いわいは、昭和40年（1965年）に岩井旅館が鉄筋コンクリート造6階建てに改築してホテル岩井と改められた。平30年（2018年）に館内のリニューアルが行われ、現在の宿名に変った。この頃はホテルの所有権は不動産会社に移っていたようだ。私が訪ねた後も営業再開された様子もなく、売りに出されたようで、温泉市宝には、寿館を継承する鈴木旅館が相応しいとも考える。

M印象歌：「山の湯に　賑わい戻れと　願いつつ
　　　　　　廃墟となれば　人も訪ねず」

10）北湯沢温泉緑の風リゾートきたゆざわ

A発見者：明治15年（1882年）に入植者の上野梅吉（生没年不詳）が発見し上野温泉と命名。

B開湯：上野温泉は大正元年（1912年）に横山助八（生没年不詳）に譲渡され横山温泉に改称。昭和61年（1986年）に湯元名水亭が開業、開湯140年、創業36年。

C湯守：上野梅吉→横山助八→横山温泉ホテル→消滅

D泉質泉色：単純泉、無色透明、無臭。

E泉温泉性：76.6℃（外気温不明）、弱アルカリ性（pH8.3）。浸透圧（低張性）。

F湧出量：1,100ℓ／m（1号・2号・5号混合泉を動力揚湯）

G温泉効能：神経痛、筋肉痛、関節痛、五十肩、打ち身、挫き、痔疾、慢性消化器病など。

H温泉の特色：国民保養地温泉（昭和32年に指定）、大露天風呂（150坪）、加水循環方式。

I所在地及び標高（海抜）：伊達市大滝区（胆振支庁）、304m

J旅館の概要：鉄筋コンクリート造11階建て1棟、客室138室。

K入浴日：未訪問。

L寸評：北海道には知らない温泉地が多く、北湯沢温泉もそうであった。その温泉地のある旧大滝村を知ったのは最近のことで、ニセコから支笏湖へ向かう国道276号を走行した時である。この時、廃業した道の駅フォーレスト276大滝を目にしてショックを受け、現在は伊達市と合併した大滝区に良い印象を感じていなかった。しかし、その大滝区にある北湯沢温泉を調べると、道の駅とは逆に衰退していない様子が見え印象は変わった。

北湯沢温泉は明治15年(1882年)、入植者の上野梅吉が発見して上野温泉と命名された。他にも測量技師の藤原平兵衛(生没年不詳)が明治30年(1897年)に新たな源泉を発見した。上野温泉は大正元年(1912年)に横山助八に譲渡されて横山温泉と改められる。その後は横山温泉ホテルとして平成12年(2000年)まで営業されたが、道路の拡張工事に伴い廃業している。大正5年(1916年)には割烹旅館が建てられ、御宿かわせみを経て、令和4年(2022年)に錦泉閣に改められた。錦泉閣は木造2階建ての料亭建築で、築106年を数える。温泉宿では北海道最古で、国の登録有形文化財に指定されても不思議ではない建物である。

　昭和に入ると、国民保養地温泉に指定されて、昭和34年(1959年)には村営国民宿舎ホロホロ山荘が開設された。北湯沢温泉は温泉街ではなく、1軒宿が長流川沿いに点在する湯郷へと発展する。昭和61年(1986年)に胆振線が廃止になると、旧北湯沢駅跡には湯元名水亭と湯元第二名水亭の2棟の大規模なホテルが建てられた。平成26年(2014年)に登別市の野口観光㈱に譲渡されると、約15億円を投じてリニューアルされて緑の風リゾートきたゆざわとなった。湯元第二名水亭もきたゆざわ森のソラニワに改称された。ホロホロ山荘も民間に譲渡されたものの経営が思わしくなく、野口観光㈱が引き取っている。緑の風リゾートきたゆざわは浴場に特徴があって、地下1階に立ち湯・肩湯などのお好み風呂と露天風呂がある。2階が大浴場でサウナ・泡風呂・大風呂と驚くばかりである。

緑の風露天風呂

M空想句：「つぼの湯や　五色に芽吹く　若葉かな」

11) 千走川温泉旅館
<ruby>千走川<rt>ちわせがわ</rt></ruby>

A 発見者：明治4年（1871年）
に入植者が温泉を発見。

B 開湯：明治18年（1885年）に
温泉宿が建てられ開湯。現
在の旅館の主人が土地を入
手して昭和56年（1981年）に
旅館建てて開業、開湯137
年、創業41年。

C 湯守：不明。

D 泉質泉色：ナトリウム－炭酸水素・塩化物泉、弱黄色濁、無臭。

E 泉温泉性：39.2℃（外気温不明）、中性（pH6.5）、浸透圧（低張性）。

F 湧出量：27ℓ/m（動力揚湯）。

G 温泉効能：虚弱体質、運動器障害、リウマチ性疾患、創傷、月経障
害、子宮発育不全症。

H 温泉の特色：渓谷の1軒宿、源泉加温掛け流し。

I 所在地及び標高（海抜）：島牧郡島牧村江ノ島（後志支庁）、80m。

J 旅館の概要：木造1階建て1棟、客室8室。

K 入浴日：未訪問。

L 寸評：北海道の名瀑を調べようと地図を眺めていると、「日本の
滝百選」の賀老の滝に手前に千走川温泉があるを知った。「日本の
渚100選」に選ばれた江ノ島海岸から7kmほど川を上った場所にあ
る1軒宿の秘湯である。ウィキペディアの情報によると、明治4年
（1871年）に発見されて、明治18年（1885年）に温泉施設が作られて開
湯したとある。おそらく入植者が発見したと思われるが、詳しい伝
承はないので暫く閉鎖されたようだ。昭和56年（1981年）に旅館本館
が完成し、平成7年（1995年）に改装されたと記されている。

　ウェブ上で館内の写真を見ると、湯治場の雰囲気が感じられる宿
で、浴場は内湯と露天風呂がある。源泉は適温とされる42℃よりも
やや低めで、加温しているようであるが、高温泉を加水して使用す
るよりは泉質が保たれる。

　源泉が25℃未満であると、「冷鉱泉」と定義されるが、泉質に関
しては低温泉（25℃以上34℃未満）、温泉（34℃以上42℃未満）、高温
泉（42℃以上）よりも効用のある冷鉱泉も多い。この温泉の泉質は、
中性のナトリウム－炭酸水素・塩化物泉であるが、泉色が弱黄色濁

をしている。長方形の浴槽附近の床が温泉の成分で薄い赤茶色に染まり、それが層を成して魚の鱗のように見える。写真を見る限りでは、とても美しい自然の造形に思える。しかし、この成分は湯垢でもあるので、配管が詰まる原因ともなる。

　夕食の献立を写真で見ると、直ぐにでも食べたい気分にさせられる。アワビ料理が定番のようで、刺身・天ぷら・焼きと並び、ホタテとツブの刺身もある。ニジマスの焼物・毛ガニ・ウニ・陶板焼きと、漁港が近いこともあって新鮮な魚介類が味わえる。客室が8室と少ないこともあって、夕食は部屋食であるようだ。

　この温泉宿も「日本秘湯を守る会」に加入するのに相応しいと宿と思うけれど、知る人ぞ知る宿もあってもよいと思う気持ちもある。賀老の滝の近くには「日本三百名山」の狩場山(1,520m)の登山口があるので、必ず行くぞと願わずにはいられない。

M空想句：「狩場山　賀老渓谷　紅葉狩り」

12) 見市温泉旅館

A発見者：慶応年間(1865～66年)に大塚要吉(生没年不詳)が温泉で傷を癒している熊を発見。

B開湯：明治元年(1868年)に大塚要吉が湯治宿を開業、開湯・創業154年。

C湯守：大塚要吉→大塚旅館(現在で6代目)。

D泉質泉色：ナトリウム－塩化物泉、微弱茶褐色で微濁、無臭。

E泉温泉性：59.8℃(外気温不明)、中性(pH6.4)、浸透圧(低膨張)。

F湧出量：70ℓ/m(自噴)。

G温泉効能：神経痛、筋肉痛、火傷、切り傷、疲労回復、冷え症など。

H温泉の特色：渓谷の1軒宿、源泉掛け流し。

I所在地及び標高(海抜)：二海郡八雲町熊石(渡島支庁)、427m

J旅館の概要：木造2階建て1棟、客室10室。

K入浴日：未訪問。

L寸評：日本海と太平洋の内浦湾に面した八雲町には、6ヶ所の温泉地が点在する。八雲町では、太平洋側の上の湯温泉銀婚湯を温泉道宝に選んだが、温泉町宝には日本海側の見市温泉を選んだ。見市温泉は、慶応年間(1865～66年)に初代の旅館主人・大塚要吉が発見し、

明治元年（1868年）に温泉宿を開業して開湯した。昭和の戦前には樺太（サハリン）の造材や鉱山関係者、戦後は北洋漁業の漁船員で賑わったと言われる。

　見市温泉は河口から6kmほど上った見市川の雲石峡にあって、外観は大きな住宅風の木造2階建てである。インターネットのウェブの写真を見ると、浴場は長方形のプールのような浴槽の内湯と、見市川に面して露天風呂がある。源泉は自噴する高温泉の源泉掛け流しで、その泉質は中性のナトリウム－塩化物泉（食塩泉）である。泉色は微弱な茶褐色で、八雲町の温泉地や周辺の温泉地に多く見られる。泉色は泉質に左右されるので、温泉の湯脈が日本海と太平洋で結ばれていると、想像したくなる。

露天風呂

　夕食のメニューをウェブ上で覗いてみると、アワビ料理がメインで千走川温泉旅館と同じである。不思議に思って調べたら、アワビは温泉熱を利用した養殖によるもので道南の特産品になっているようだ。北海道は貝類の養殖が盛んで、ホタテの養殖に関しては青森県を超して日本一となっているので、東北人としては北海道の努力に脱帽するばかり。

　見市温泉は日本海と太平洋を結ぶ国道277号に面していて、立地する雲石峡は紅葉の名所で「道南八景」になっていると聞く。雲石峠を越えた先に「八雲温泉」があって、ここも1軒宿の秘湯である。昭和50年（1975年）に町営八雲温泉として開湯され、昭和55年（1980年）には町営八雲温泉おぼこ荘が開業した。しかし、平成17年（2005年）に閉鎖され、譲渡を受けた民間が改築して営業が継続されているようだ。その反面、八雲町には野田追川沿いに「桜野温泉」という秘湯もあったが、平成27年（2015年）に閉館されている。ドライブのルート上にある秘湯はよいが、それ以外の秘湯は注目度が低い。

M印象句：「木枯らしに　吹き飛ばされる　秘湯かな」

13) 濁川温泉新栄館

A 発見者：濁川温泉は寛政10年(1798年)の発見で文化4年(1807年)に湯治場を開設。

B 開湯：明治36年(1903年)に新栄館が開業、開湯215年、創業119年。

C 湯守：初代は不明→中田チヨ→中田良吉氏。

D 泉質泉色：カルシウム・マグネシウム－炭酸水素塩泉、微黄緑色透明、油臭。

E 泉温泉性：56℃(外気温不明)、中性(pH6.6)、浸透圧(低膨張)。

F 湧出量：不明(自噴)。

G 温泉効能：神経痛、リウマチ、筋肉痛、関節痛、慢性皮膚病、疲労回復など。

H 温泉の特色：農家と兼業、源泉掛け流し。

I 所在地及び標高(海抜)：茅部郡森町濁川(渡島支庁)、113m

J 旅館の概要：木造2階建て2棟、客室14室。

K 入浴日：未訪門。

L 寸評：濁川温泉は内浦湾に注ぐ濁川の上流約5kmにある温泉で、5軒の小さな温泉宿と日帰り温泉が点在する温泉郷である。温泉の発見は、薬師如来像が奉納された江戸時代後期の寛政10年(1798年)前とされる。文化4年(1807年)に加賀屋半左衛門(生年没不詳)によって湯治場が開設されて開湯した。明治時代になると、元湯神泉館が開設されている。その跡には「濁川温泉発祥の地」と記された記念碑が昭和38年(1963年)に建てられた。現在は元湯神泉館にごりの湯という日帰り温泉施設となっている。

　濁川温泉で最も古い温泉宿が新栄館で、明治36年(1903年)に開業した。ウェブの情報を見ると、木造2階建ての本館(旧館)と新館と2棟あるようで、本館はレトロな昭和の面影を色濃く残している。浴場を見ると、文化財とも思える雰囲気で昭和10年(1935年)の温泉分析表が掲げられてある。木板に墨書きされたもので、依頼者は中田チヨ(生年没不詳)となっているが、これほど古い温泉分析表は博物館でも滅多にお目にかかれない。鄙びた湯治場の雰囲気が随所に見られ、リニューアルして残して欲しい。

浴場

　浴場にはコンクリート製の四角い槽が3つあって、それぞれの泉温が

異なるようだ。天井は板張りのない天窓の屋根裏となっていて、ボロボロの梁や垂木が見えるが、何となく滅びの美学を感じさせる。降雪期の崩壊が心配されるが、自己責任で入浴する気構えが求められるだろう。浴場は混浴であるが、新館の2階には女性専用の浴室があって、混浴を嫌う女性には評判のようである。

　温泉の泉質は中性のカルシウム・マグネシウム－炭酸水素塩泉（含炭酸含土類・食塩泉）で、微黄緑色を帯びて油臭がするようだ。高温泉ではあるが、床に川を模したような面白い側溝があって、高温槽から中温槽、低温槽へと導かれている。夕食の写真を見ると、鍋と刺身の他に6皿も並んでいる。森町名物のいかめしもあって、農家も兼ねているので野菜も新鮮に見える。アルコール類の持ち込みが自由と聞いて、宿は古くても太っ腹な宿である。それで2食付の宿泊料金が6,500円と聞いて唖然とするばかりである。

M空想句：「濁川 鄙びの宿に 渡り鳥」

14) 湯の川温泉割烹旅館若松

A発見者：湯の川温泉は室町時代の享徳2年(1453年)に木こりによって発見。

B開湯：承応2年(1653年)頃に松前藩によって開湯。大正11年(1922年)に若松が開業、開湯369年・創業100年。

C湯守：若松→旅館若松(中沢善三郎)→㈱HAYONO観光グループ。

D泉質泉色：塩化物泉(食塩泉)、無色透明、無臭。

E泉温泉性：57.6℃(外気温不明)、中性(pH6.4)、浸透圧(等張性)。

F湧出量：127ℓ/m(自家用源泉・動力揚湯)。

G温泉効能：神経痛、筋肉痛、関節痛、五十肩、打ち身、慢性消化器病、婦人病など。

H温泉の特色：にっぽんの温泉100選、ミシュランガイド1つ星、源泉掛け流し。

I主な宿泊者：ヘレン・ケラーが昭和23年(1948年)に2度目の来日で宿泊し、昭和天皇・皇后両陛下が昭和29年(1954年)にご宿泊。

J所在地及び標高(海抜)：函館市湯川町(渡島支庁)、5ｍ

K旅館の概要：鉄筋コンクリート造7階建て1棟、木造階2建て1棟、

客室23室。

L入浴日：未入浴。

M寸評：函館に初めて青函連絡船で上陸したのは、中学３年生の修学旅行の時で泊った旅館は湯の川温泉であった。その湯の川温泉の発見は、室町時代の享徳２年（1453年）に木こりが温泉で腕の痛みを癒して湯治した時とされる。江戸時代前期の承応２年（1653年）以前には、松前藩によって既に開湯されていて、藩主・松前高弘（1643~1665）が幼少の頃に難病治療で湯治した記録がある。函館戦争の時には、旧幕府軍の負傷兵が療養のため湯治したとされる。

　明治時代になると温泉開発が進み、大正時代には温泉街となって「函館の奥座敷」と呼ばれるようになった。この頃は函館市に19軒、旧湯川村の松崎温泉に11軒の旅館が建っていた。大正11年（1922年）には、入母屋造り２階建ての豪華な旅館若松が開業された。昭和29年（1954年）には昭和天皇・皇后両陛下もご宿泊している。

　戦後には乱開発によって源泉量が減ったため、函館市が条例で揚湯量を制限した。現在の源泉は、函館市水道局が旧湯川村から受け継いだ22本を集中管理し、民間の源泉13本あると聞く。その１本を所有するのが旅館若松で、自家用源泉として使用している。

　湯の川温泉には湯の川プリンスホテルに泊った経験があるが、旅館若松は格式が高く感じられて外観を眺めただけである。バブル期末の平成６年（1994年）には、鉄筋コンクリート造７階建ての新館をオープンさせたが、平成17年（2005年）に破綻する。その後は菓子メーカーが営業を続けるが、㈱HAYONO観光グループに譲渡された。長期休業中にリニューアル工事が行われて平成30年（2019年）４月に再開されるが、令和４年（2022年）４月には㈱HAYONO観光グループが破綻する。ウェブの情報によると、別会社が営業を続けていると知って少々安心した。全客室がオーシャンビューで、大浴場からは函館山、津軽海峡を経て下北半島が臨めると聞き、１度は宿泊したいものである。

N空想歌：「清水の　舞台上（ぶたいうえ）から　飛び降りた
　　　　　気持ちとなりて　泊りてみたき」

15)川汲温泉旅館

<ruby>川汲<rt>かっくみ</rt></ruby>

A 発見者：発見者は不明であるが、鶴の湯として寛保年間（1741~43年）に開湯。

B 開湯：文政12年（1829年）に函館の能登谷治兵衛が湯治場を開業、開湯・創業193年。

C 湯守：弁吉→能登谷治兵衛→山中温泉→川汲温泉ホテル→川汲温泉旅館。

D 泉質泉色：単純泉、無色透明、無臭。

E 泉温泉性：46.0℃（外気温不明）、アルカリ性（pH8.9）、浸透圧（等張性）。

F 湧出量：146ℓ/m（自噴）。

G 温泉効能：神経痛、筋肉痛、関節痛、慢性皮膚病、冷え症、疲労回復など。

H 温泉の特色：源泉掛け流し。

I 主な宿泊者：探検家の最上徳内と松浦武四郎、旧幕府軍の土方歳三が宿泊。

J 所在地及び標高(海抜)：函館市川汲町（渡島支庁）、28m

K 旅館の概要：木造平屋建て2棟、客室2室。

L 入浴日：未訪問。

M 寸評：亀田半島の太平洋側に位置する川汲温泉は歴史が古く、江戸時代後期に最上徳内（1754~1836）と松浦武四郎（1818~1888）の文書に記され、幕末期に土方歳三（1835~1869）が鶴の湯で療養したとされる。文政12年（1829年）に函館の能登谷治兵衛（生没年不詳）が湯治場を開業したのが実質的な開湯であろう。明治31年（1898年）に鶴の湯は、山中温泉に改められるが、その後は衰退したようだ。昭和2年（1927年）には川向こうに鶴の湯に引湯されて、芽の湯（現・明林荘）が開湯される。

昭和の戦後になると、明林荘は館主自らが建築を手がけて昭和28年（1953年）に木造2階建てに改築して「観光第一旅館明林荘」に改めている。山中温泉は昭和45年（1970年）に明林荘よりも大きな旅館に改築されて「川汲温泉ホテル」と称された。川汲温泉ホテルは客室17室、明林荘は客室12室とホテルと旅館に相応しい規模となっている。

その後は観光客や湯治客の減少もあって、川汲温泉ホテルは平成20年（2004年）に木造平屋建てに改築し、客室も2室に縮小されて「川

汲温泉旅館」に変更された。一方の観光第一旅館明林荘はレトロな
昭和を残す宿となって、単なる「明林荘」に戻っている。最近の様
子をインターネットのウェブで調べて見ると、日帰り温泉に特化し
たようで宿泊客はいずれの旅館も受付けていないようで、泊れない
宿となったのは残念に思われる。

　歴史好きな者としては、土方歳三の名を聞いただけでも憧れてし
まう。福島県会津若松市にある東山温泉の旅館の外壁には土方歳三
の壁画がある。川汲温泉も土方歳三との関わりを調査して宣伝すれ
ば、私のような者も訪ねるのである。もう少し函館市も秘湯の宿を
宣伝して欲しいと思うが、何事もお膝元の湯の川温泉が優先される
ようで残念である。

　川汲温泉の難点は、観光ルートに組まれていないことで、亀田半
島を一周する観光客は少ない。私自身の旅行も北方面は鹿部温泉、
東方面は恵山温泉で留まっている。最近は温泉地のスタンプラリー
が流行っているようで、その１つに川汲温泉を選んで欲しい。

N空想句：「土方の　夢は破れて　散る紅葉」

5、番外の温泉遺産

　開湯や創業（開業）の歴史が浅くても評価したい温泉地を選んだのが
「番外の温泉遺産」である。もう少し調査すると、まだまだ評価した
い温泉地もあると思われる。

01）斜里温泉湯元館、開湯40年　　　　　　　　　　　　　斜里郡斜里町
02）塩沢つるつる温泉、開湯72年、1軒宿　　　　　　　　　　　　北見市
03）層雲峡温泉湯元銀泉閣、新開湯67年　　　　　　　　上川郡上川町
04）大雪高原温泉大雪高原山荘、開湯63年、1軒宿　　　上川郡上川町
05）白金温泉大雪山白金観光ホテル、開湯72年　　　　　上川郡美瑛町
06）トムラウシ温泉東大雪荘、開湯57年、1軒宿　　　　　上川郡新得町
07）十勝岳温泉湯元凌雲閣、開湯59年　　　　　　　空知郡上富良野町
08）幕別温泉十勝幕別温泉グランヴィリオホテル、開湯54年

　　　　　　　　　　　　　　　　　　　　　　　　　　中川郡幕別町
09）平磯温泉銀鱗荘、開湯36年、1軒宿　　　　　　　　　　　　小樽市
10）ニセコ湯本温泉蘭越町交流促進センター雪秩父、開湯（伝承）約120年

　　　　　　　　　　　　　　　　　　　　　　　　　　磯谷郡蘭越町
11）モッタ海岸温泉旅館、開湯46年、1軒宿　　　　　　　島牧郡島牧村
12）湯の川温泉湯元漁火館、開湯29年　　　　　　　　　　　　　函館市
13）恵山温泉旅館、開湯90年　　　　　　　　　　　　　　　　函館市

　以上13ヶ所を選定。

※斜里温泉湯元館は民宿ではあるが、ウトロ温泉郷では老舗の温泉宿であ
　ることから選んだ。また、ニセコ湯本温泉蘭越町交流促進センター雪秩
　父は、日帰り温泉施設となっているが、かつては国民宿舎であって、ニ
　セコ湯本温泉の看板宿でもあったことから例外的に選定した。湯の川温
　泉湯元漁火館は開湯年間は短いものの、自家源泉を有し木造のインテリ
　アに特化していることから温泉遺産に準ずる価値を感じて選んだ。
　今回は番外温泉も含め、47ヶ所の温泉地の旅館やホテルを選考した
が、冷鉱泉は除外している。しかし、泉質の効用に関しては単純温泉
よりも優れた冷鉱泉もあるので、後記する「温泉地の推移」を参照し
て欲しい。特に明治時代に開業した鉱泉宿には、留萌市の神居岩温泉、
愛別町の協和温泉、新得町の十勝新得温泉、安平町の鶴の湯温泉など
が有名である。
　ちょっと余談となるが、温泉の定義では、冷鉱泉（25℃未満）、低温泉
（25℃以上34℃未満）、温泉（34℃以上42℃未満）、高温泉（42℃）に区別

されている。しかし、高温泉に関しては入浴に適した温度となっているようだ。この高温泉に関しては自然冷却で適温に下がることが可能な60℃までとし、それ以上を「超高温泉」とした方が良いと考える。また、34℃以上42℃未満を「温泉」としているのも曖昧で、「中温泉」と表記すべきと実感する。

　最近の泉質の表記に関しては、含鉄（Ⅱ）－ナトリウム・マグネシウム－塩化物・硫酸塩泉などと表記され、長たらしい化学方程式のような名称が付けられている。これは含鉄など特殊成分に陽イオン（ナトリウム・マグネシウム）と陰イオン（塩化物・硫酸塩泉）に区分したもので、従来の名称である「硫酸塩泉」とした方が分かりやすい。温泉分析書の内容も簡素に改定したようが良いし、源泉かけ流しの表記があっても良いと考える。

01）斜里温泉湯元館

A 発見者：昭和51年（1976年）にボーリングによって地下1,000mのモール泉を発見。

B 開湯：昭和57年（1982年）に斜里温泉そばよしを開業し開湯、開湯・創業40年。

C 湯守：浜田ヨシ子氏→㈲斜里温泉→㈲スターヒルズ。

D 泉質泉色：ナトリウム－炭酸水素塩・塩化物泉、薄茶色半透明、無臭。

E 泉温泉性：54.7℃（外気8℃）、弱アルカリ性（pH7.6）、浸透圧（低張性）。

F 湧出量：500ℓ/m（動力揚湯）

G 温泉効能：神経痛、筋肉痛、関節痛、疲労回復、五十肩、打ち身、慢性消化器病など。

H 温泉の特色：温泉民宿、モール泉、源泉掛け流し。

I 所在地及び標高：斜里郡斜里町西町（オホーツク支庁）、5m

J 旅館の概要：プレハブ2階建て1棟、木造平屋建て1棟・コテージ1棟、客室12室。

K 入浴日：未入浴。

L 寸評：知床半島には「温泉道宝」に選んだ岩尾別温泉と羅臼温泉があるが、オホーツク海に面して2ヶ所の温泉地がある。知床観光の基地ともなっているウトロ温泉と斜里温泉で、ウトロ温泉には大型リゾートホテルから民宿まで様々な形態の宿泊施設12軒が点在する。斜里温泉湯元館は、ウトロ温泉か40kmほど南西に離れた斜里町

中心部にある温泉地で、オホーツク海岸にも近く釧網本線が釧路と
網走へ走行する。

　斜里温泉湯元館は昭和51年（1976年）、浜田ヨシ子氏が所有する原
野でボーリングして地下1,000mからモール泉を発見して斜里温泉
と命名する。昭和57年（1982年）に「斜里温泉そばよし」を開業し開
湯される。平成10年（1998年）に㈲スターヒルズに移譲されて温泉民
宿「斜里温泉湯元館」に改称された。駅前の温泉には２度訪ねてい
るが、牧地に温泉地があることは知らなかったので、インターネッ
トのウェブ情報での温泉入浴となる。

　広い敷地には馬が飼育されていて、牧歌的な雰囲気が感じられる。
建物は民宿にしては立派な切妻屋根の玄関があって、本館は旅館の
ように大きな平屋建てである。別館はプレハブ２階建ての湯治棟の
ようで、湯治客よりも工事関係者が多いようである。

　浴場は本館にあって、男女別の内風呂と混浴の岩風呂があるよう
だ。内風呂の長方形の浴槽は男女で異なり、鉄平石の石張りとタイ
ル張りとなっている。木造の小さな浴槽には、源泉がそのまま注が
れているようである。泉質は中性のナトリウム－炭酸水素塩・塩化
物泉で、モール泉のつるつるとした感触が伝わるようだ、客室の写
真を見ると、旅館のような床の間もなく、やはり民宿の部屋である。
それでも１人１泊の場合、２食付で6,000円は信じられない料金で、
のんびりと湯治でもしたい気分にさせられる。

　知床と聞いて切ない気持になるのが、令和４年（2022年）４月に起
きた観光船「KAZU Ⅰ」の沈没事故である。絶対にあってはいけな
い事故で、亡くなった人々が気の毒でならない。私の乗った船は他
の観光船会社であったが、万が一の気構えで乗船したものである。
M追悼歌：「船底の　一枚下は　地獄よと
　　　　　聞かせられつつ　それを見るとは」

02）塩別つるつる温泉

A **発見者**：明治34年(1901年)、農家の岩瀬禎助(生没年不詳)が火傷の治療に発見し引湯。

B **開湯**：昭和35年(1960年)にイトムカ鉱山で採掘していた野村鉱業が保養所を建設、開湯・創業62年。

C **湯守**：岩瀬禎助→野村鉱業→野村興産㈱。

D **泉質泉色**：単純硫黄泉、無色透明、微弱硫化水素臭。

E **泉温泉性**：45.8℃(外気温11.2℃)、アルカリ性(pH9.6)、浸透圧(低張性)。

F **湧出量**：不明(野村5・7号泉の混合泉・動力揚湯)。

G **温泉効能**：神経痛、筋肉痛、関節痛、疲労回復、五十肩、運動麻痺、打ち身、痔疾など。

H **温泉の特色**：源泉掛け流し。

I **所在地及び標高(海抜)**：北見市西留辺蘂(オホーツク支庁)、360m

J **旅館の概要**：鉄骨コンクリート造2階建て3棟・平屋建て2棟、客室37室。

K **入浴日**：未入浴。

L **寸評**：北見市と合併をする前の留辺蘂町には、温根湯温泉、塩別つるつる温泉、滝の湯温泉が石北峠に向かった北見国道(39号線)に点在する。その中で温根湯温泉は、北見市の「温泉市宝」に選んだが、もう1つ気になる温泉地が「塩別つるつる温泉」である。旧野村財閥(野村鉱業)が戦前から開発したイトムカ鉱山の「塩別保養所」として昭和35年(1960年)に建設される。昭和45年(1970年)には「旅館つるつる温泉」として一般客向けの旅館業とした。昭和56年(1981年)に本館、平成14年(2002年)に新館と大浴場、更に平成26年(2014年)には本館の一部が解体されて新館が完成している。

　源泉は掘削深度100mの5号泉、掘削深度1,100mの7号泉の混合泉で、100%の源泉掛け流しである。旅館のパンフレットを見ると、大浴場の浴槽は大きく、外には大露天風呂がある。他に竜神の湯の内風呂が、大浴場と同様に男女別にあるようだ。夕食のメニューは、すき焼きに釜めし、刺身の盛り合わせなど豪華な内容である。

塩別つるつる温泉には所在の確認のために立ち寄っただけで、日帰り入浴までは至らなかった。イトムカ鉱山の盛期は、水銀の採掘量が日本一とされたが、昭和47年(1974年)に閉山された。その後は有毒な水銀の処理を行う日本唯一のリサイクル工場となっている。その保養所が前身の塩別つるつる温泉は珍しい形態で、企業の保養所や福利厚生施設から名旅館となった例は殆どなく、現在の野村興産㈱の運営は立派なものである。

　温泉の敷地内には、竜神様と不動尊が祀られている。全国の有名温泉地には温泉神社や温泉寺があるけれど、温泉旅館や大型ホテルでも小さな祠を祀っているケースも多い。しかし、この旅館の不動尊は立派な上屋のかかったもので、千葉県成田市の成田山新勝寺より講社の承認を得ていると言う。その創建は昭和8年(1933年)、岩瀬禎助が全身に大火傷を負った時、温泉で治癒したことから温泉に感謝して祀ったとされる。

M空想句：「温泉や　手負いの鹿も　湯治かな」

03) 層雲峡温泉湯元銀泉閣

A発見者：明治33年(1900年)に塩谷水次郎が発見するが、新たな源泉を銀泉閣が発見。

B開湯：昭和30年(1955年)に開湯、昭和38年(1963年)に開業。開湯67年、創業59年。

C湯守：㈱銀泉閣→プリーズベイホテル㈱。

D泉質泉色：単純泉、無色透明、微硫黄臭。

E泉温泉性：35〜80℃(外気温不明)、弱アルカリ性(pH7.5)、浸透圧(低張性)。

F湧出量：160ℓ/m(源泉4本の混合泉)。

G温泉効能：神経痛、糖尿病、慢性便秘、冷え症、関節炎、疲労回復、皮膚病など。

H温泉の特色：にっぽん温泉遺産100選、源泉掛け流し。

I所在地及び標高(海抜)：上川郡上川町層雲峡(川上支庁)、670m。

J旅館の概要：鉄筋コンクノート造地下1階〜地上4階建て1棟、客室36室。

K入浴日：未入浴。

L寸評：層雲峡では創業約100年の層雲閣を「温泉道宝」に選んだが、歴史は浅いものの層雲峡温泉では唯一の100％源泉掛け流しであることから「番外の温泉遺産」に選んだ。新たな源泉の発見年代が明確ではなく、開業した人物の氏名も探せなかった。昭和38年（1963年）に開業し、平成10年（1998年）に現在の鉄筋コンクノート造地下１階〜地上４階建てに新築された。平成23年（2011年）に経営していた㈱銀泉閣が倒産して、プリーズベイホテル㈱が経営を引き継いだ。プリーズベイホテル㈱は神奈川県横浜市に本社があって、全国に133店舗、海外に２店舗のホテルを運営する。

湯元銀泉閣の建物は三角屋根のシンプルな造りで、ヨーロッパの山荘風の外観である。増改築を続けたきた大型ホテルに比べると、ホールを中心に左右一直線となっていて迷子になる心配はなさそうだ。ウェブ上の写真を見ると、昔は温泉旅館で定番だった卓球台があって、懐かしいなーと思って見た。客室はリューアルされたようで比較的新しく、全国展開するホテルチェーンにはしっかりとしたノウハウがあるのが良い。宿泊料金は２食付で10,000円〜15,000円とリーズナブルで、良心的な料金設定である。

大浴場は地下１階にあって、プールのような浴槽と露天風呂がある。他に家族向けの貸切り風呂もあるようで、収容人員から比較すると丁度良い浴場とも言える。泉質は弱アルカリ性の単純温泉で、４種類の源泉を混合して適温調整しているようで、それで100％源泉掛け流しが可能のようである。

湯元銀泉閣のある場所から大雪山層雲峡黒岳ロープウェイの山麓駅までは、150ｍと近く、スキーシーズンは宿から直行できる。しかし、私が訪ねた令和２年（2020年）２月には、冬期休業中で日帰り入浴も叶わなかった。丁度、層雲峡では「氷瀑まつり」と重なっていたのに休業するのも勿体ないと思ったが、スキー客の大幅な減少もある。また、北海道では網走市に２店舗があるだけなので、営業の効率化を考えての選択だと感じた。

M印象句：「氷瀑や 極彩色に 湯のけむり」

04)大雪高原温泉大雪高原山荘

A 発見者：昭和34年（1959年）に製紙会社
　の社員が発見し、大雪高原ヒュッテを
　開設。

B 開湯：昭和38年（1963年）に大雪高原ホテルが開業。開湯63年、創業
　59年。

C 湯守：立岩吉松→国策観光開発→日本製紙㈱。

D 泉質泉色：単純泉、乳白色、無臭。

E 泉温泉性：71.2℃（外気温不明）、酸性（pH2.7）、浸透圧（低張性）。

F 湧出量：120ℓ/m（自噴）。

G 温泉効能：リウマチ性疾患、動脈硬化症、慢性皮膚病、糖尿病、神
　経性運動障害など。

H 温泉の特色：日本秘湯を守る会、加水掛け流し。

I 主な来訪者：昭和43年（1968年）に昭和天皇・皇后両陛下が、昭和55
　年（1980年）に三笠宮寛仁親王が来訪し休息。

J 所在地及び標高(海抜)：上川郡上川町層雲峡高原温泉（上川支庁）、
　1,260m。

K 旅館の概要：木造2階建て2棟・平屋建て1棟、客室16室。

L 入浴日：未訪問。

M 寸評：大雪高原温泉は大雪山系の東麓、層雲峡の南部に位置する温
　泉地で、高原の1軒宿である。層雲峡からは帯広方面に16kmほど国
　道273号を進み、ヤンベタップ林道を10kmほど登坂すると、標高1,260
　mの大雪高原温泉に至る。旭岳（2,290m）の裏側にあることから「裏
　大雪」とも呼ばれ、温泉は「層雲峡高原温泉」とも称される。
　　大雪高原温泉は製紙会社の林業関係者に早くから知られていたよ
　うで、昭和34年（1959年）に立岩吉松（生没年不詳）によって大雪高原
　ヒュッテが開設される。昭和38年（1963年）には国策観光開発が大雪
　高原ホテルを開業している。昭和43年（1968年）に昭和天皇・皇后両
　陛下が、北海道開拓100年記念式典に参列した際に立ち寄って植物
　の観察をされた。更に昭和55年（1980年）には三笠宮寛仁親王が来訪
　し、高原の沼めぐりを楽しまれたとされる。その後は増改築が行わ
　れて、現在の「大雪高原山荘」に名称を変更された。
　　大雪高原山荘は昭和50年（1975年）に発足した「日本秘湯を守る会」
　にいち早く加盟し、宿泊することに憧れ続けていた。1度予約を入
　れたことがあったが、秋田からの飛行機が運休となってキャンセル

したことが今も忘れられない。営業期間が６月から10月までの４ヶ
月間に限られているので、宿泊する機会が伸び伸びとなっいるのが
残念である。

　　温泉の泉質は、酸性の単純酸性泉で乳白色をしている。浴場は男
女それぞれに内風呂と露天風呂があって、露天風呂から眺める大雪
山のロケーションは最高だろうと想像する。また、露天風呂から見
上げる満天の星空もさぞや綺麗なことであろう。

　　紅葉の美しい大雪山系では、９月初旬から始まるようで、大雪高
原山荘を登山口とする緑岳(2,020m)が最も早いようである。紅葉
見物の観光客や登山客も多く、９月から10月までのヤンベタップ林
道にはシャトルバスが運行されるようである。しかし、大雪山系は
ヒグマの生息地でもあって、そのため環境省のヒグマ情報センター
が設置されている。

N空想句：「紅葉の　大雪山を　夢登山」

05)白金温泉大雪山白金観光ホテル

A発見者：昭和25年(1950年)に500mを掘削して温泉が湧出して発見。

B開湯：同年に町営白金温泉旅館が開業、開湯・創業72年。

C湯守：㈱大雪山白金観光ホテル。

D泉質泉色：ナトリウム・マグネシウム・カルシウム－硫酸塩・塩化
　物泉、褐色濁、無臭。

E泉温泉性：56.8℃(外気温20.4℃)、中性(pH6.8)、浸透圧(低張性)。

F湧出量：350ℓ/m(動力揚湯)。

G温泉効能：神経痛、関節痛、筋肉痛、五十肩、運動麻痺、打ち身、
　慢性消化器病など。

H温泉の特色：加水掛け流し。

I所在地及び標高(海抜)：上川郡美瑛町白金温泉(上川支庁)、625m。

Jホテルの概要：鉄筋コンクリート造６階建て１棟・３階建て１棟・
　平屋建て１棟、客室74室。

K入浴日：未入浴。

L寸評：白金温泉は活火山である十勝岳(2,077m)の北西山麓にある
　温泉で、美瑛町では唯一の温泉地である。大正初期頃には十勝岳の
　中腹に丸谷温泉、山麓に畠山温泉があったが、大正15年(1926年)の
　十勝岳大噴火で泥流に埋没したとされる。その後の昭和25年(1950
　年)、当時の町長の鴻上覚一(生没年不詳)が、数々の苦難の末に約

500mを掘削して48℃の源泉を掘り当てた。その時に町長は、「泥の中から貴重なプラチナ（白金）を見つけた思いがする」と述べたことから白金温泉と命名したと聞く。美瑛町に隣接する上富良野町と東川町には有名な温泉地が8ヶ所もあったので、温泉開発は美瑛町の悲願であったようだ。

温泉を得た美瑛町は、町営白金温泉旅館を開業して開湯された。その後はホテル十勝岳や白金温泉ホテルなどが開業されて、大雪山白金観光ホテルは昭和54年（1979年）に開業した。温泉街までは発展しなかったが、7軒の温泉宿が点在する湯郷となった。

白金温泉に宿泊したのは、「日本百名山」の登頂で十勝岳に登る前日である。当日は温泉民宿林道に泊ったが、大雪山白金観光ホテルとは宿泊料金に関しては雲泥の差があったとことを覚えている。兎に角、白金温泉に入浴できたことが心の勲章になった。今にして思えば、部屋の窓から眺めた十勝岳の景色は民宿もホテルも違いはないと思った。

温泉民宿林道

白金温泉の泉質は、ナトリウム・マグネシウム・カルシウム－硫酸塩・塩化物温泉（芒硝泉）と長たらしい成分が含まれていて、皮膚

民宿の客室より

に水圧を感じる低張性の浸透圧である。「若返りの湯」とも称され、泉質に関しては申し分ない。1階が半地下のため、浴場は2階となっているようで、大浴場、浴場、露天風呂に分かれている。写真を見る限りでは、露天風呂は大きな立石や横石を配した岩風呂で、石灯籠が置かれている。庭園の小さな池のような雰囲気で、これほど立派な露天風呂はあまり目にすることはない。私の収入に比べると宿泊料金が高く、宿泊は無理でも日帰り入浴だけは体験したい温泉の1つである。

M印象歌：「美瑛富士 未踏の山を 思い出す 登山のあとの 温泉最高」

06）トムラウシ温泉東大雪荘

A 発見者：大正初年（1913年頃）
　に発見されたされるが詳細は
　不明。

B 開湯：昭和40年（1965年）、町
　民保養所として東大雪荘が開
　業、開湯・創業57年。

C 湯守：新得町（新得観光振興
　公社）。

D 泉質泉色：ナトリウム－塩化物・炭酸水素塩泉、無色透明、硫黄臭。

E 泉温泉性：91.2℃（外気温不明）、弱アルカリ性（pH8.1）、浸透圧（低
　張性）。

F 湧出量：140ℓ/m（自噴）。

G 温泉効能：リウマチ、神経痛、婦人病、火傷、創傷、胃腸病など。

H 温泉の特色：町営国民宿舎、渓谷の1軒宿、加水掛け流し。

I 所在地及び標高(海抜)：上川郡新得町屈足（上川支庁）、650m。

J 施設の概要：鉄筋コンクリート造4階建て1棟、客室33室。

K 入浴日：平成23年7月13日（宿泊）

L 寸評：「日本百名山」のトムラウシ山に登頂するため、トムラウシ
　温泉東大雪荘に前泊した。新得町が国民宿舎として開業した温泉宿
　で、「日本秘湯を守る会」に加盟していた時期もあったが、私が投
　宿した頃は既に脱会していた。

　　温泉までは市内から52kmとアクセスが長く、コンビニまで日本一
　遠い家とテレビで紹介されたと言う。そんな不便な場所でも冬期は
　除雪し、根室本線の新得駅からは送迎バスも運行しているので、町
　営の成せる業である。建物は平成5年（1993年）に建てられた鉄筋コ
　ンクリート造の大きな4階建てで、この施設に対する町の意気込み
　が感じられる。

　　温泉は男女それぞれに内湯と露天風呂のあるだけのシンプルさで
　あるが、客室が多く宴会場もあるので「新得の奥座敷」と呼ぶに相
　応しい。このトムラウシ温泉がトムラウシ山登山の基地で、ここか
　らの登山道が最短コースであった。宿舎で弁当を作ってもらい、夜
　も明けない午前4時に登山を開始したことを覚えている。その登山
　は約8時間、最高の天気に恵まれて、最高の弁当を山頂で食べて、
　下山後には最高の温泉に再び入った。これが私の望む登山の「三高」

かも知れない。

　夕食時には、イワナの骨酒を特別注文した記憶がよみがえるが、自分の好物があるのは何よりも嬉しいもので、温泉はこの世の極楽浄土である。イワナの刺身があれば、これまた最高で、自家製のドブロクでも出てくると目を細めるばかりである。

　トムラウシ温泉は大正初期に発見されたようであるが、直ぐに温泉宿が建てられた歴史は伝わっていない。しかし、噴泉塔のあるヌプントムラウシ温泉には、林業関係者が湯小屋を建てた記録が伝わっている。この温泉はヌプントムラウシ川沿いにある野湯で、新得町が平成４年(1992年)に林道、更衣室、露天風呂を整備した。平成28年(2016年)の台風で林道が崩落し、放置されたままと聞く。ヒグマの繁殖地であり、人間様に代りヒグマが入浴していると思うと、露天風呂は良いプレゼントだったかも知らない。

M印象歌：「雲を行く　山の旅人　花まみれ
　　　　　　死して悔いなし　トムラウシ山」

07）十勝岳温泉湯元凌雲閣

A発見者：昭和35年(1960年)に測量技師・會田久佐衛門が安政火口の渓谷で源泉を発見。

B開湯：昭和38年(1963年)に温泉山小屋・凌雲閣を開業、開湯・創業59年。

C湯守：會田久佐衛門→曾田義寛→曾田圭治氏。

D泉質泉色：カルシウム・ナトリウム－硫酸塩泉、茶褐色、硫黄臭。

E泉温泉性：51.1℃(外気温26℃)、中性(pH6.3)、浸透圧(低張性)。

F湧出量：69ℓ/m(２号泉・掘削自噴を引湯)、116ℓ/m(１号泉・動力揚湯)。

G温泉効能：神経痛、関節痛、筋肉痛、五十肩、運動麻痺、打ち身、慢性消化器病など。

H温泉の特色：日本秘湯を守る会、国民保養温泉地(昭和42年指定)、源泉掛け流し。

I所在地及び標高(海抜)：空知郡上富良野町十勝岳温泉(上川支庁)、1,290m。

J旅館の概要：鉄骨造２階建て１棟、客室14室。

K入浴日：未入浴。

L寸評：十勝岳の登山口にある十勝岳温泉には、３軒の宿泊施設が点

在する。温泉の発見は昭和35年（1960年）で、測量技師・會田久佐衛門（生年没不詳）が安政火口の渓谷で源泉を発見する。周辺道路の整備が行われ、昭和38年（1963年）に温泉山小屋・凌雲閣を開業している。昭和42年（1967年）に国民保養温泉地の指定を受けると、上富良野町は国民宿舎カミホロ荘を開業する。更に防衛庁共済組合が十勝青年隊の家・上富良野荘を建てて自衛隊の山スキーの拠点とした。その後は十勝岳登山の基地として親しまれる。

　凌雲閣は平成2年（1990年）頃に山小屋風の建物に改築され、湯元凌雲閣と称するようになった。元湯凌雲閣は標高1,290mに立地し、北海道一の高所にある温泉施設でもある。最近では「日本秘湯を守る会」に加盟したようで、喜ばしい限りである。平成20年（2008年）頃には、北海道では10軒の旅館やホテルが加盟していたが、現在は6軒に激減して憂慮していた。これで元湯凌雲閣は、絶対に宿泊しなくてはならない宿となった。

　源泉は2本あって、泉温と泉性が異なるのが特徴的である。1号泉の泉温が32℃（低温泉）、pH値が2.3（酸性泉）であるのに対し、2号泉の泉温が51.1℃（高温泉）、pH値が6.3（中性泉）となっている。2号泉は100％の源泉掛け流しで使用され、1号泉は2号泉を混合して適温にしてから使用しているようだ。この温泉を享受する浴場は、内風呂2ヶ所、露天風呂2ヶ所あって、時間帯で男女が入れ替わるシステムとなっている。内風呂にはそれぞれに酸性泉の浴槽もあるようで、引湯で28℃まで下がった低温泉にも入りたいと思う。

　露天風呂から眺める周辺の景観が素晴らしく、山の新緑、峰の夏雲、谷の紅葉、雪景色が楽しめそうである。特に露天風呂の茶褐色の湯、純白の樹氷や雪、そして真っ蒼な空と、そのコントラストが絶景に思われる。

露天風呂

　秘湯の宿には贅沢な食事は不釣り合いで、ボリュームや皿の枚数よりも定食で十分である。元湯凌雲閣にはレストラン岳があるようで、連泊しても昼食の心配はなさそうだ。

M印象歌：「晩食は　肉より旨しと　芭蕉さん
　　　　　山に登りて　腹をすかせば」

08) 幕別温泉十勝幕別温泉グランヴィリオホテル

A 発見者：発見者は不明。

B 開湯：昭和43年(1968年)に幕別町営国民宿舎幕別温泉ホテルが開業、開湯・創業54年。

C 湯守：幕別町→ホテル緑館(北海道振興)→ルートインジャパン。

D 泉質泉色：ナトリウム－塩化物泉、黄褐色、無臭。

E 泉温泉性：47.2℃(外気温不明)、アルカリ性(pH8.6)、浸透圧(低張性)。

F 湧出量：600ℓ/m(動力揚湯)。

G 温泉効能：神経痛、筋肉痛、五十肩、関節痛、疲労回復、打ち身、痔疾、消化器病など。

H 温泉の特色：国民保養温泉地(昭和52年指定)、モール泉、源泉掛け流し。

I 主な宿泊者：大正15年(1926年)に黒田旅館に若山牧水が投宿。

J 所在地及び標高(海抜)：中川郡幕別町依田(十勝支庁)、90m

K 旅館の概要：鉄筋コンクリート造12階建て1棟・鉄骨造平屋建て2棟、客室170室。

L 入浴日：未訪問。

M 寸評：十勝平野の帯広市内と隣接する丘陵地に十勝幕別温泉がある。十勝幕別温泉グランヴィリオホテルと幕別温泉パークホテル悠湯館の2軒の大型ホテルが建っていて、十勝川温泉と並ぶ「帯広の奥座敷」と言っても過言ではない。

　温泉の開湯は明らかではないが、大正15年(1926年)には歌人の若山牧水(1885~1928)が黒田温泉に投宿している。この頃は温泉ではなく、冷鉱泉であったと思われる。昭和43年(1968年)に幕別町よって、町営国民宿舎幕別温泉ホテルが開業する。昭和52年(1977年)には国民保養温泉地の指定を受け、知名度もアップしている。昭和55年(1980年)にボーリングによって地下1,100mから泉温42℃の温泉の掘削に成功する。しかし、老朽化に伴い平成2年(1990年)に閉館されて民間企業の北海道振興㈱に譲渡された。

　平成3年(1991年)12月、北海道振興㈱によって鉄筋コンクリート造12階建ての「十勝幕別温泉ホテル緑館」が新築オープンする。また、新たな温泉の掘削も行われ、地下1,300mから47.2℃のモール泉を掘り当てて、源泉掛け流しが可能な温泉となった。丁度、この頃はバブル期で建築費が高騰した時代である。金利の支払い窮した

こともあって平成15年(2003年)に北海道振興㈱は破産した。その後は全国各地にビジネスホテルを展開するルートインジャパン㈱に買収された。「十勝幕別温泉グランヴィリオホテル」に名称が変更され、リニューアルも行われて現在に至っている。

　温泉の泉質に関しては、水平距離で6kmほど離れた十勝川温泉とほぼ一緒である。効用も同様で大差はなく、ホテルや旅館の好みの問題である。グランヴィリオホテルの写真を見ると、館内には図書室のような漫画コーナー、雀荘のような麻雀ルームなどがある。浴場は遊園地のような大浴場で、男女の浴室がシンメトリのようになっている。12階の最上階には宿泊者専用の展望大浴場があって、十勝平野の北の先に十勝連峰が見えることは想像に難くない。また、帯広の夜景もさぞや綺麗なことであろう。

N空想句：「名月や　夜景と競う　十勝かな」

09)平磯温泉銀鱗荘

A発見者：昭和61年(1986年)にボーリングによって地下1,300mに源泉を発見。

B開湯：昭和14年(1939年)に鰊御殿を移築し料亭旅館を開業、開湯34年、創業81年。

C湯守：北海観光㈱→㈱銀鱗荘→㈱ニトリパブリック。

D泉質泉色：ナトリウム－硫酸塩・塩化物泉、無色透明、無臭。

E泉温泉性：53℃(外気温不明)、中性(pH7.3)、浸透圧(低張性)。

F湧出量：43ℓ/m(動力揚湯)。

G温泉効能：神経痛、筋肉痛、関節痛、疲労回復、五十肩、打ち身、慢性消化器病など。

H温泉の特色：小樽市指定歴史的建物、加水掛け流し。

I所在地及び標高(海抜)：小樽市桜(後志支庁)、60m。

J旅館の概要：木造2階建て1棟、鉄筋コンクリート造5階建て・3階建て各1棟、客室18室。

K入浴日：未入浴。

L寸評：殆どの温泉施設は、開湯後に開業するのが一般的であるが、小樽市にある平磯温泉銀鱗荘は開業後に開湯された珍しい温泉施設である。昭和14年(1939年)、余市町にあった大網元・猪俣安之丞(生

没年不詳）の邸宅（鰊御殿）を移築して料亭旅館として開業したのが銀鱗荘である。昭和61年（1986年）には地下1,300mをボーリングして温泉を掘り当て、温泉旅館となったのである。翌年には交通公社から出版された『日本らしさの宿』に北海道では唯一紹介されて、1度は泊まりたい名旅館の個人的なリスト入りをする。

　昭和60年（1985年）になると、北海観光㈱の所有から新たに発足した㈱銀鱗荘に移っている。平成元年（1989年）に鉄筋コンクリート造3階建ての新館（現在の旧館）を増築し、小樽市都市景観賞を受賞している。平成16年（2004年）には鉄筋コンクリート造5階建ての新館が建てられる。本館の建物は平成24年（2012年）、小樽市指定歴史的建物第75号に指定されて、市の文化財として評価された。平成30年（2018年）に東名観光開発㈱の子会社であった㈱銀鱗荘から小樽芸術村を運営する㈱ニトリパブリックに譲渡された。

　平磯岬の高館に建つ平磯温泉銀鱗荘本館は、絵になるような絶景スポットで見物するだけでも価値がある。1泊の宿泊費が8万円から15万円と破格にも関わらず、予約を取るのも困難とされる。泊まるのは不可能に近いが、グリル銀鱗荘の日帰りランチプランには、入浴も含まれているので本館の内部も見学できるようである。

　ウェブ情報で雰囲気だけも味わうことにする。露天風呂は銘石を配した岩風呂で、小樽港と朝里海岸の景観が眺められ、申し分のない風呂である。さぞかし石狩湾の朝焼けが美しいだろうと想像する。大浴場にあるオリエント風の円形浴槽では、中央部の噴水のように塩化物泉が注がれている。本館特別和室と新館のすべての客室には、贅沢にも部屋風呂が備わっていて、これほど豪華な温泉旅館は北海道には他にはないだろう。

M空想句：「海猫に　霧笛汽笛の　三重奏」

10)ニセコ湯本温泉蘭越町交流促進センター雪秩父

A発見者：明治18年(1885年)に岩内の渡島某が大湯沼の源泉を発見。

B開湯：明治末期(1900年頃)に軍司某が温泉旅館を開業、開湯約120年、創業55年。

C湯守：渡島某→軍司某→蘭越町。

D泉質泉色：単純硫黄泉、灰色、硫黄臭。

E泉温泉性：56.5℃(外気温不明)、中性(pH6.7)、浸透圧(低張性)。

F湧出量：1,000ℓ/m(大湯沼より引湯)。

G温泉効能：慢性関節炎、筋肉リウマチ、神経痛、神経炎、糖尿病、運動機能障害など。

H温泉の特色：国民温泉保養地(昭和33年指定)、旧国民宿舎、源泉掛け流し。

I主な宿泊者：秩父宮雍仁親王(1902~1953)が昭和3年(1928年)にスキーで旧青山温泉不老閣に宿泊。

J所在地及び標高(海抜)：磯谷郡蘭越町湯里(後志支庁)、560m。

K施設の概要：木造平屋建て2棟、客室なし(日帰り温泉)。

L入浴日：令和2年2月9日(日帰り)。

M寸評：湯本温泉と聞くと、箱根湯本温泉が脳裏に浮かぶが、湯本温泉と称する温泉地が全国に7ヶ所も存在する。温泉宿の軒数から列記すると、神奈川県の箱根湯本温泉(宿99軒)がダントツで、福島県のいわき湯本温泉(宿21軒)、山口県の長門湯本温泉(宿11軒)が続く。ローカルな温泉地では、岩手県の岩手湯本温泉(宿3軒)、福島県の岩瀬湯本温泉(宿2軒)がある。ニセコ湯本温泉は、温泉宿1軒と日帰り温泉施設があるだけである。

　　昭和42年(1967年)に蘭越町が国民宿舎雪秩父をオープンさせるが、老朽化のために建て替えを余儀なくされる。平成27年(2015年)に日帰り専用の温泉施設・蘭越町交流促進センターとしてリニューアルオープンさせた。そのためニセコ湯本温泉の温泉宿は、月美宿紅葉音だけとなった。高級なホテルで、国民宿舎に3泊できる宿泊料金で手も足も浸れない宿である。

　　蘭越町交流促進センター雪秩父の温泉は、チセヌプリの大湯沼より引湯しているが、その湯量は毎分1,000ℓ/mと豊富である。雪のため源泉を見物することはできなかったので、スマホのインターネット上で大湯沼の写真を眺めた。

　　車を降りると硫黄臭が漂い、温泉に来た気分を実感させてくれる。

洒落たデザインの建物であるが、何となく閉鎖的な雰囲気を感じる。
内湯はミニプールのような大浴槽で、温泉ホテルの大浴場そのもの
である。露天風呂の湯船の形状は、男女が異なっていて女性用の方
が面白そうである。こんな場合は、日毎の入れ替え入浴にするのが
良いと思うが、何と言っても町営だから民営並みのサービス精神は
期待できない。

　入浴後、食堂でラーメンを食べていると、山の斜面からスキーヤー
が続々と滑り降りて来る。男女合わせて20人近くいたが、全員が欧
米人でその顔は笑顔に満たされていた。そして食堂に入って来て生
ビールを注文していた。バックカントリー専用の雪上車で山頂まで
上ったようで、ツアー料金が5万円前後と聞き、驚くと同時に夢の
ようなスキーに見えた。

N印象歌：「スケールの　違うスキーを　楽しみに
　　　　　　　遥か日本に　スキーヤーは来る」

11）モッタ海岸温泉旅館

A発見者：昭和47年（1972年）にボーリングによって温泉を掘削し発
　見。

B開湯：昭和51年（1976年）に温泉旅館を開業、開湯・創業46年。

C湯守：モッタ海岸温泉旅館（詳細不明）。

D泉質泉色：ナトリウム－塩化物泉、微乳白色半透明、微硫黄臭。

E泉温泉性：53.1℃（外気温不明）、中性（pH6.9）、浸透圧（等張性）。

F湧出量：130ℓ/m（動力揚湯）。

G温泉効能：神経痛、痛風、高血圧症、動脈硬化、婦人病など。

H温泉の特色：北海道随一のラジウム泉、源泉掛け流し。

I所在地及び標高(海抜)：島牧郡島牧村栄浜（後志支庁）、11m。

J旅館の概要：木造平屋建て3棟、客室6室。

K入浴日：未訪問。

L寸評：モッタ海岸温泉旅館は渡島半島の付け根、狩場山（1,520m）
　の日本海山麓にある温泉宿である。昭和47年（1972年）にボーリング
　によって良質の温泉が掘削され、昭和51年（1976年）に温泉旅館が開
　業された。開業当時の詳細は不明であるが、平成11年（1999年）に現
　在の経営者が譲り承けてリニューアルしている。

　　温泉の泉質を見てみると、ラジウムの含有量が道内髄一で、国内
　でも有数のレベルとされるとウィキペディアに表記されていた。ラ

ジウムは通称ラドンとも呼ばれるが、鉱物から溶液で放出される放射線のラジウムと、気体で放出される放射線のラドンに区別される。北海道では同じ地域にある二股ラジウム温泉が有名であるが、野菜の緑黄色の成分とは異なって、見た目で分からないのであまり頓着しない。しかし、浴槽の縁や床の茶褐色の析出物を見ると、二股ラジウム温泉の黄褐色とは異なっている。湯の華が漂って微乳白色に見える湯が、冷えると酸化して茶褐色に変るのは面白い。

　旅館の建物はシンプルな平屋建てで、客室が6室と比較的少なく、日帰り入浴者のための部屋も用意してある。食堂にはテーブル席の他に座敷もあって、昼食も提供しているようだ。夕食の画像を見ると、マグロとサーモンのマリネ、ホタテとアスパラガスのマヨネーズ焼きと、手の込んだ料理が多くテーブルに並んでいて、唾が出そうになるような内容である。

　浴場の様子を見てみると、男女それぞれに定番のように内風呂と露天風呂がある。内風呂には源泉を一旦溜める小さな源泉槽があって、ここで泉温を下げているのである。有名な群馬県の草津温泉では、湯もみまでして源泉のまま提供しようと努力している。安易に加水している温泉施設には、少なからずは抵抗を覚える。

　露天風呂は四角い湯船の底に木板が敷かれているようで、ここでも旅館の思いやりを感じる。透かし柵を隔てて日本海がまる見えで、北方向には積丹半島が浮かんでいるのであろう。また、日本海に沈む夕陽も

露天風呂

さぞや美しく見事なことは想像に難くない景観である。

M空想句：「ジュウジュウと　夕陽の沈む　夏の海」

12) 湯の川温泉湯元 漁 火館
いさり び かん

A発見者：平成4年(1992年)にボーリングによっ
て地下286mから温泉を発見。

B開湯：平成5年(1993年)に道路工事で移転を余儀なくされた農家が
開業、開湯29年。

C湯守：㈱湯元漁火館。

D泉質泉色：カルシウム・ナトリウム−塩化物泉、鶯色混濁、金気臭。

E泉温泉性：47.8℃(外気温13℃)、中性(pH6.4)、浸透圧(低張性)。

F湧出量：500ℓ/m(1号泉・動力揚湯)。

G温泉効能：神経痛、胃腸病、リウマチ、婦人病、虚弱体質、創傷、
湿疹など。

H温泉の特色：にっぽんの温泉100選、海辺の1軒宿、源泉掛け流し。

I主な宿泊者：女優・三林京子。

J所在地及び標高(海抜)：函館市根崎町(渡島支庁)、7m。

K旅館の概要：木造3階建て1棟、客室20室。

L入浴日：未入浴。

M寸評：函館の湯の川温泉には大型ホテルばかりで、小さな旅館は殆
ど消滅した。そんな湯の川温泉を調べていて知ったのが、湯元漁火
館である。私は湯元や元湯と聞くと、その温泉地の老舗だと思って
ついつい誘われてしまう。しかし、老舗でなくても新たな温泉を開
湯すると、「湯元」となるのである。それに対して「元湯」は、自
家用源泉を他の旅館などに配湯している場合のニュアンスがある。

湯の川温泉湯元漁火館は、津軽海峡を面した根崎海岸の高台にあ
る。平成4年(1992年)、ボーリングによって地下286mから温泉を
発掘し、道路工事に伴い移転した農家が平成5年(1993年)に開業す
る。玄関が2階にある木造3階建ての和風建築で、湯の川温泉と称
しているものの、1軒宿のような温泉旅館である。

湯元漁火館のホームページを見ると、木造に拘った館内の様子に
唖然とさせられる。2階に食堂と浴場はあるようで、館内はヒノキ
やケヤキなどの総天然素材を使用しているとある。広い食堂のテー
ブルも椅子も木製で、内風呂は湯船を含め総てが木造である。それ
ぞれにの内風呂の外に露天風呂があるが、自然石で配した岩風呂で
あるのが良い。

温泉分析書のよる泉質は、中性のカルシウム・ナトリウム−塩化
物泉で、泉色は鶯色と称されるモスグリーンの混濁である。金気
うぐいすいろ かな け

臭^{しゅう}があるようで、浸透圧は低張性とある。一般的な湯の川温泉の泉質は無色透明の無臭で、浸透圧は等張性であるので、湯元漁火館の湯脈は異なっているように思われる。私は単純温泉の無色透明な温泉よりも硫黄臭、金気臭、油臭などの臭気があって、乳白色、茶褐色、緑色など泉色のある温泉が本当の温泉だと思えてならない。それが源泉掛け流しともなれば、100点満点である。

　食事に宿の主人は、市場の仲買の資格があるようで、よく吟味された魚介類が皿に盛り付けられるのであろう。その新鮮な料理を食べ、再び露天風呂に入る頃は、函館山の展望台に明かり灯り、イカ釣り船の漁火^{いさりび}が輝いていることであろう。

N印象歌：「目に浮かぶ　イカ釣り船の　蜃気楼」

13) 恵山温泉旅館

A発見者：明治時代に尻岸内村(旧恵山町)の住人が恵山火山地帯の地獄谷で温泉を発見。

B開湯：昭和7年(1932年)に旅館の初代が約4kmを引湯して開湯、開湯・創業90年。

C湯守：初代→2代目→原田千春氏。

D泉質泉色：含鉄(Ⅱ)・アルミニウム－硫酸塩泉、淡黄褐色透明、無臭。

E泉温泉性：41.5℃(外気温不明)、酸性(pH2.1)、浸透圧(低張性)。

F湧出量：120ℓ/m(自然湧出)。

G温泉効能：神経痛、関節痛、婦人病、皮膚病、運動器障害、痔疾、リウマチなど。

H温泉の特色：国民保養温泉地(昭和40年指定)、源泉掛け流し。

I所在地及び標高(海抜)：函館市柏野町(渡島支庁)、200m。

J旅館の概要：木造2階建て1棟、客室11室。

K入浴日：未入浴。

L寸評：亀田半島の最西端にある恵山温泉旅館は、初代の主人が地獄谷の源泉を引湯し、昭和7年(1932年)に原田温泉旅館を開業する。昭和40年(1965年)頃には、恵山高原ホテルが開業して恵山地区の開発が進み、昭和63年(1988年)に恵山高原ホテルを買収した札幌市の鉄工メーカーが恵山モンテローザをオープンさせる。しかし、バブルの崩壊で平成11年(1999年)に鉄工メーカーが破産し、現在はその廃墟だけが虚しく残っている。

恵山モンテローザが使用していた温泉を引き継いだのが石田温泉旅館で、創業が大正3年(1914年)という老舗旅館である。石田温泉旅館は露天風呂もあって立派であるが、恵山温泉旅館の方が開湯の歴史が古く、「番外の温泉遺産」に選んだ次第である。

　恵山には登山と灯台の見物を兼ねて訪ねた際、水無海浜温泉の海辺の露天風呂に入浴した。干潮時のみ入浴できる海湯であるが、脱衣室があって共同浴場のように利用されていた。面白い温泉もあるものだと、波の音を聞きながら津軽海峡と太平洋が交わる海を眺めた。泉質はナトリウム－塩化物泉で、泉温が低く早々に上がった思い出がある。

　恵山温泉旅館は引湯のため低めの泉温であるが、泉質が素晴らしく、北海道では珍しい酸性泉である。酸性泉は石鹸が効かないことで知られ、タオルでこする程度で入浴するのが良いとされる。殺菌力が強く、切り傷や皮膚病に良いとされて痔疾には特に効用があるようだ。成分の方は含鉄(Ⅱ)・アルミニウム－硫酸塩泉で、以前は明礬緑礬泉（みょうばんりょくばんせん）と呼ばれていた。浴場は内風呂だけのようであるが、素朴な雰囲気があってこれも良い。

　夕食のメニューをウェブの画像で見ると、魚介類を中心に山菜料理もそえられてある。とても食べ切れる量ではなく、こんな時は全く箸を付けずに残すことにしている。旅館の近くには漁港があって、定置網漁が行われているので様々な魚が獲れるようである。客室には床の間があって、最近では見られなかった鏡台もあるようだ。懐かしい昭和の時代を見るようで、おそらく食事は部屋食と想像するが、冬期間休業が残念に思われる。

M印象句：「丘一面　つつじの花に　岩の山」

6、共同浴場・日帰り温泉

　北海道の温泉地数は246ヶ所と日本一を誇るが、それに比べるように温泉を引いた共同浴場や日帰り温泉も多い。その中から何ヶ所かの共同浴場や日帰り温泉を選んでみた。

1)川湯温泉川湯公衆浴場

A種別及び特色：共同浴場(商店組合の民営)、源泉掛け流し。

B開湯又は開業：昭和33年(1958年)に建てられたままの公衆浴場。

C泉質泉色：酸性(pH1.8)、含硫黄・鉄(Ⅱ)－硫酸塩・塩化物泉、薄青味乳白色、無臭、浸透圧(低張性)。

D泉温・湧出量：44.2℃(外気温不明)、150ℓ/m(自噴)。

E温泉効能：冷え症・消化器病・神経痛、筋肉痛、関節痛、打ち身、高血圧・婦人病など。

F所在地及び標高(海抜)：川上郡弟子屈町川湯温泉(釧路支庁)、132m。

G寸評：川湯温泉の温泉街、川湯郵便局の隣にあるレトロな公衆浴場で、地元住民が優先されるので、入らせて貰いますと、恐縮しながらの入浴となる。川湯温泉の特色は、pH値(水素イオン濃度)が1.8の酸性であることである。北海道では一番低く、中性の石鹸以外は役に立たない。肌がピリピリと浸るが、湯上りにはつるつるとなる。

　浴室には3人ほど入れる長方形の浴槽と、水に近い温めの浴槽があるようだ。これは熱めの源泉を掛け流ししているので、水風呂と交互に入って長湯するのである。浴場の入口には番台があって、雰囲気は街の銭湯である。しかし、入浴料が250円と聞くと、日本一安い銭湯と呼んでも過言ではなく、これも価値が高く温泉遺産に含めたいものである。

2)ニセコ黄金温泉

A種別及び特色：日帰り温泉(民営)、5月～10月(営業期間)、源泉掛け流し。

B開湯又は開業：平成6年(1994年)、井戸の掘削で湧いた温泉を利用して開湯。

C泉質泉色：中性(pH6.8)、ナトリウム－塩化物・炭酸水素塩・硫酸塩泉、弱黄色透明、無臭、浸透圧(低張性)。

D泉温・湧出量：48.9℃(外気温不明)、150ℓ/m(自噴)。

E 温泉効能：神経痛、筋肉痛、関節痛、五十肩、運動麻痺、打ち身、慢性消化器病など。

F 所在地及び標高(海抜)：磯谷郡蘭越町黄金(後志支庁)、84m。

G 寸評：雄大な羊蹄山の西麓にある温泉地で、平成6年(1994年)に農家の人が灌水用の井戸を掘削した際、偶然に温泉が自噴したそうだ。農家の人はこつこつと手作りで湯船を造り、最初は家族で温泉を楽しんでいたが、平成14年(2002年)に一般客にも開放されて開業したようだ。国道から3kmほど離れているため、温泉マニアには穴場の秘湯として親しまれる。

　その後湯量が減少すると、平成22年(2010年)に新たに2号泉を掘削して事なきを得たようである。当初の露天風呂は混浴であったが、現在の露天風呂は自然石で仕切られ、それぞれに内湯があって、外には五右衛門風呂(壺風呂)が2つ、寝湯のが1つ設置されている。先代の主人は十割そばを手打ちして提供していたが、今の主人はコロナ禍の影響もあって、タンクローリーを購入して温泉の宅配を行って提供している様子である。

3) 登別温泉夢元さぎり湯

A 種別及び特色：温泉銭湯(民営)、源泉掛け流し。

B 開湯又は開業：昭和36年(1961年)に公衆浴場「さぎり湯」として開業。平成8年(1996年)に現在の名称に改名され、平成27年(2015年)にリニューアル。

C 泉質泉色：酸性(pH2.2)、含硫黄－ナトリウム－硫酸塩・塩化物泉、薄青味乳白色、無臭、浸透圧(低張性)。

D 泉温・湧出量：81.5℃(外気温不明)、30ℓ/m(自噴)。

E 温泉効能：眼の病気、結膜炎、動脈硬化、皮膚疾患、粘膜疾患など。

F 所在地及び標高(海抜)：登別市登別温泉町(胆振支庁)、172m。

G 寸評：有名な温泉地には大概は共同浴場があるもので、福島県飯坂温泉の鯖湖湯、同じく、いわき温泉のさばこの湯は、同じサバコの名を競うような豪華な和風建築で有名である。鯖湖湯は唐破風の屋根に鬼瓦を載せた演武場のような造りで、さばこの湯は3階建ての

楼閣造りで、とても共同浴場には見えず、温泉街の名所となっている。

　登別温泉の夢元さぎり湯は、温泉銭湯とも称され、温泉街ではたった1軒だけでその中心部にある。ビルのテナントの地下階と1階にある珍しい共同浴場で、料亭のような玄関と、右横には温泉のマスコットである鬼の石像が建ってあった。温泉銭湯の経営は、温泉を供給する登別温泉㈱が行っていて、平成27年（2015年）には温泉地に恥じない立派な施設となっている。温泉銭湯と呼ぶよりも高級ホテルのスパのような豪華さである。

4）濁川温泉元湯神泉館にこりの湯

A種別及び特色：日帰り温泉施設（民
　営）、源泉掛け流し。

B開湯又は開業：江戸時代後期の文化
　4年（1807年）の開湯。

C泉質泉色：中性（pH6.7）、ナトリウ
　ム・マグネシウム－塩化物・炭酸水

素塩泉、無色透明、無臭、浸透圧（低張性）。

D泉温・湧出量：49.4℃（外気温22℃）、6.4ℓ/m（自噴）。

E温泉効能：神経痛、筋肉痛、関節痛、五十肩、打ち身、慢性消化器
　病、冷え症など。

F所在地及び標高（海抜）：茅部郡森町濁川（渡島支庁）、97m。

G寸評：濁川温泉では新栄館を「温泉町宝」に選んだが、最初は元湯
　神泉館を候補にあげていた。日帰り温泉施設と知って外したのであ
　るが、歴史ある温泉を守っていることに価値がある。江戸時代後期
　の開湯以来、2世紀に渡って温泉が湧き続けているのである。江戸
　時代末期には、樺太を探検した間宮林蔵（1780~1844）もこの湯に入
　浴して旅の疲れを癒している。

　元湯神泉館は立派な建物で、内風呂には3つの浴槽があって洗い
場は広々としている。露天風呂もあって、架設の上屋が架かってい
るので、雨天の日の入浴には有難い。元湯神泉館の館主は体阿彌と
いう人で、珍しい名字と思ったら森町には多いらしい。しかし、個
人で伝統的な温泉を維持するのは大変であり、この温泉も「温泉町
宝」に指定して、多少なりとも町の補助が必要と感じる。また、濁
川温泉郷は衰退の度合いが低く、30年前は7軒あった宿泊施設は5
軒と減っただけで、廃墟となっている施設がないが良い。

5) 谷地頭温泉

A 種別及び特色：日帰り温泉施設(市営→民営)、源泉掛け流し。

B 開湯又は開業：昭和28年(1953年)に函館市水道局がボーリングして開湯。

C 泉質泉色：中性(pH6.6)、ナトリウム・塩化物泉、茶褐色濁、無臭、浸透圧(高張性)。

D 泉温・湧出量：65.1℃(外気温不明)、330ℓ/m(動力揚湯)。

E 温泉効能：神経痛、筋肉痛、関節痛、五十肩、運動麻痺、打ち身、挫きなど。

F 所在地及び標高(海抜)：函館市谷地頭(渡島支庁)、7m。

G 寸評：市町村が住民福祉の目的で温泉施設を建設するケースが多く、昭和63年(1988年)から平成元年(1989年)に国から支給された「ふるさと創生事業」の補助金で温泉施設を開業する市町村も多かった。しかし、函館市は昭和26年(1951年)に函館山の麓をボーリングし、昭和28年(1953年)に谷地頭温泉をいち早く開業した。平成10年(1998年)に改築されるが、平成25年(2013年)に民間企業に売却されて営業が続けられている。

　谷地頭温泉は明治15年(1882年)に開湯された歴史ある温泉地であったが衰退したため、函館市が温泉を再開発したのである。厚生年金ハートピアなど3軒の宿泊施設があったが、いずれも消滅して現在は日帰り温泉の谷地頭温泉1軒だけとなった。外観は鉄筋コンクリート造の2階建てで、広々とした館内で大浴場と露天風呂がある。露天風呂の湯船は五稜郭の星形を模しているのが面白く、鉄分を含んだ茶褐色の湯が印象的である。

露天風呂

6)その他の共同浴場・日帰り温泉

　北海道にはまだまだ入浴してみたい共同浴場や日帰り温泉が沢山あって、その中から8ヶ所をピックアップしてみたい。

①**天然温泉アサヒ湯**、開業は古く昭和58年(1983年)にモール泉を掘削。
　所在地：帯広市。
　泉質：アルカリ性(pH8.9)、単純泉(低張性)、42.3℃(泉温)。

②**奥沢温泉中央湯**、昭和12年創業で昭和57年(1982年)に温泉を掘削。
　所在地：小樽市
　泉質：アルカリ性(pH9.4)、単純泉(低張性)、28.0℃(泉温)。

③**余市川温泉宇宙の湯**、昭和54年(1979年)に温泉を掘削し開湯。
　所在地：余市郡余市町。
　泉質：弱アルカリ性(pH7.9)、ナトリウム-塩化物・炭酸水素塩泉(低張性)、42.5℃(泉温)

④**日本海ふるびら温泉しおかぜ**、平成23年(2011年)に町が開業。
　所在地：古平郡古平町。
　泉質：中性(pH7.0)、ナトリウム-塩化物泉(高張性)、53.5℃(泉温)。

⑤**札幌あいの里温泉なごみ**、平成22年(2010年)に開業。
　所在地：札幌市北区。
　泉質：中性(pH6.8)、ナトリウム-塩化物強塩泉(高張性)、43.4℃(泉温)。

⑥**ルスツ温泉**、開湯：平成12年(2000年)に留寿都村が開業。
　所在地：虻田郡留寿都村。
　泉質：弱アルカリ性(pH7.7)、ナトリウム-塩化物・炭酸水素塩泉(低張性)、43.3℃(泉温)。

⑦**寿都温泉**、開湯：平成7年(1995年)に寿都町が開業。
　所在地：寿都郡寿都町。
　泉質：アルカリ性(pH8.8)、ナトリウム・カリウム-塩化物泉(高張性)、46.3℃(泉温)。

⑧**西ききょう温泉**、平成4年(1992年)にパターゴルフ場に附帯して開業。
　所在地：函館市。
　泉質：中性(pH6.6)、ナトリウム・カリウム-塩化物泉(高張性)、68.2℃(泉温)。

７、野湯・海湯

　露天風呂の中で、川沿いや湖畔、海岸にある温泉を「野湯」と称する天然温泉は、温泉マニアとっては垂涎の的である。そこで代表的な野湯を６ヶ所選んだ次第である。

1) 瀬石(セセキ)温泉

A 特色：海湯(干潮時のみ)、混浴、足元湧出。

B 開湯：明治32年(1899年)に最初の定住者が発見。

C 泉質泉色：中性(pH6.5)ナトリウム－塩化物泉、無色透明、無臭、浸透圧(低張性)。

D 泉温・湧出量：64.0℃(外気温不明)、湧出量不明(自噴)。

E 温泉効能：神経痛、腰痛、慢性リウマチ、慢性皮膚病、坐骨神経痛など。

F 所在地及び標高(海抜)：目梨郡羅臼町瀬石(釧路支庁)、０ｍ。

G 寸評：瀬石温泉は、知床半島と国後島を挟んだ根室海峡の海辺に位置する温泉で、自然湧出の野湯である。しかし、この「野湯」という表現は、屋外にある石段を階段と呼ぶようなもので適正でない。海にあるのだから「海湯」と見ての通りの名称で良いと思う。

　温泉の発見は明治32年(1899年)に最初の定住者が発見したとされ、現在は水産会社の私有地となっている。入浴料は無料であるが、募金箱が設置されていて志納するようだ。営業期間は７月初旬から９月中旬に限られ、干潮時のみの入浴なので時間も限られる。

　泉質は中性のナトリウム－塩化物泉(食塩泉)で、海水が加わって64.0℃から適温を保っているように見える。海水による影響で違和感を覚えるが、足元湧出の温泉は大変貴重な自然の恵みである。海湯でも「温泉道宝」に指定し、保存を継続して欲しいと願う。

2)和琴温泉露天風呂

A 特色：大露天風呂(屈斜路
　湖畔)、混浴、足元湧出。

B 開湯：江戸時代の頃にアイ
　ヌの人々によって開湯。

C 泉質泉色：中性(pH6.4)、
　単純温泉、無色透明、無臭、浸透圧(低張性)。

D 泉温・湧出量：52.5℃(外気温不明)、150ℓ/m(自噴)。

E 温泉効能：神経痛、筋肉痛、関節痛、慢性消化器病、胆石、肝臓病、
　糖尿病など。

F 所在地及び標高(海抜)：川上郡弟子屈町屈斜路湖畔(釧路支庁)、
　121m。

G 寸評：屈斜路湖の湖畔には、和琴温泉、コタン温泉、池の湯温泉、
　仁伏温泉の4ヶ所の温泉地がある。その中に3ヶ所の露天風呂が湖
　畔にあるが、池のように広い露天風呂が和琴温泉の露天風呂である。
　4軒ほどあった旅館やホテルは廃業し、温泉旅館湖心荘1軒だけが
　キャンプ場を併設して存続しているようだ。寂れた温泉地となって
　しまったが、露天風呂だは来訪者が多く、弟子屈の「温泉町宝」の
　ような存在である。
　　泉質は中性の単純温泉であるが、湯量が豊富で150ℓ/mもの源泉
　が自噴している。温泉の効能よりも、屈斜路湖を目前としたロケー
　ションが何よりの効能である。冬になると白鳥が飛来するようで、
　とても風流な趣で温泉が楽しめるのが良い。ただ風呂が広すぎて掃
　除など管理が大変で、様々な異物が混入することもある。枯葉が沈
　んでいるのは気にはならないが、蛙や蛇と入浴することもあるので
　露天風呂には注意が肝心である。

3)然別峡温泉鹿の湯

A 特色：野湯(シイシカリベツ川)、
　混浴、足元湧出。

B 開湯：大正2年(1913年)に旧菅野
　温泉の開業に伴い開湯。

C 泉質泉色：中性(pH6.8)、ナトリ
　ウム－炭酸水素塩・塩化物泉、薄緑色、無臭、低張性。

D 泉温・湧出量：51.1℃(外気温不明)、30ℓ/m(自噴)。

E温泉効能：慢性皮膚炎、糖尿病、冷え症、リウマチ、神経痛など。

F所在地及び標高(海抜)：河東郡鹿追町瓜幕(十勝支庁)、680m。

G寸評：十勝の秘境である然別峡には、「温泉国宝」に選んだ然別峡
かんの温泉があり、その奥の森の中に然別峡温泉「鹿の湯」はある。
昭和46年(1971年)に野営場の開設に伴い、リニューアルされたよう
である。シイシカリベツ川沿いの露天風呂は、入口に自然景観にマッ
チした簡素な脱衣室があるだけで、湯船の中央には島のような立石
が設えてある。

　泉質は中性のナトリウム－炭酸水素塩・塩化物泉(重層泉)で、30
ℓ/mの源泉が足元湧出している。シイシカリベツ川沿いの他にも
ラムジンの湯など４ヶ所の野湯があって、野湯の宝庫とも言える温
泉地である。着替えをするのも面倒で、海パン姿でめぐるのが良い
かも知れないが、鹿の湯で十分にも思える。シイシカリベツ川の下
流には廃墟と化したレクレーションセンターがあって、然別峡野営
場もそうならないことを願いたい。

4)カムイワッカ湯の滝

A特色：湯滝(カムイワッカ
　　川)、混浴。

B開湯：発見された年代は不
　　明。

C泉質泉色：酸性(pH1.6)、
ナトリウム－塩化物・炭酸水素塩泉、無色透明、微硫黄臭。

D泉温・湧出量：30～32℃(滝壺)、湧出量不明(自噴)。

E温泉効能：動脈硬化、慢性気管支炎、慢性皮膚病、糖尿病、便秘など。

F所在地及び標高(海抜)：斜里郡斜里町遠音別(オホーツク支庁)、
　　400m。

G寸評：知床観光の目玉は、観光船の遊覧、羅臼岳の登山、知床五湖
の散策、岩尾別温泉の入浴であろう。そして、カムイワッカ川にか
かる「湯の滝」が有名で、シーズン中は道路渋滞を緩和するため、
シャトルバスが運行されているようだ。知床五湖と滝の湯は未訪問
で、「見残しの日本列島リスト」では、北海道のトップにあげている。

　カムイワッカ川の上流に行くと、熱湯に近くなるので「一ノ滝」
の滝壺以外は立ち入り禁止となっているようだ。泉質は酸性のナト
リウム－塩化物・炭酸水素塩泉(硫酸泉)で、微かな硫黄臭がするの

が特徴である。しかし、泉温が30〜32℃と低く、真夏ならば入りたいと思うが、紅葉シーズンはちょっと無理に思われる。

北海道では滝湯は、カムイワッカだけのようであるが、秋田県湯沢市にも「川原毛大湯滝」がある。源泉附近は94.5℃と高いが、下流の滝壺では入浴に適した泉温となる。泉質は酸性の鉄分が含まれた塩化物泉で、カムイワッカ湯の滝と共通点が多い。いずれも料金が無料の混浴で、混み合う夏のシーズンは男女共に水着で入浴するのが一般的である。海水浴と同様に「温水浴」とでも称して、通常の温泉浴とは区別して考えたい。

5）平田内温泉熊の湯

A特色：野湯（平田内川）、混浴。

B開湯：開湯年は不明（江戸時代）。

C泉質泉色：中性（pH6.6）、ナトリウム－塩化物泉、無色透明、無臭、浸透圧（低張性）。

D泉温・湧出量：52.0℃（外気温不明）、湧出量不明（自噴）。

E温泉効能：神経痛、関節痛、慢性皮膚病、慢性婦人病、切り傷、火傷、虚弱体質など。

F所在地及び標高（海抜）：二海郡八雲町（旧熊石村）熊石平町（渡島支庁）、250m。

G寸評：渡島半島の日本海側にある平田内温泉は、平田内川の上流にある「熊の湯」が江戸時代に開湯されたのが始まりと言われる。川の岩盤をくり抜いて造られた露天風呂で、4・5人が入れそうな湯船である。野趣にあふれた雰囲気で、林道から湯の直前まで車で入れるのが良い。

泉質は中性のナトリウム－塩化物泉（食塩泉）で、無色透明に近く、近在の見市温泉が微弱茶褐色で微濁しているのに比べると異なっている。温泉地によっては同一敷地内で泉質の異なった源泉があるので、不思議なことではないとも思われる。熊の湯は、野湯にしては立派な男女別の脱衣室があって、八雲町の管理によるものだろう。

混浴に対しては、抵抗を感じる女性が圧倒的と思う。しかし、自分のプロポーションに自信のある女性は、タオルで隠すこともなく堂々と露天風呂に入って来る。その様子を見た時は、唖然として目のやり場に困った経験が1度だけあったのが印象深い。

6) 水無海浜温泉

A **特色**：海湯（干潮時のみ）、
混浴、足元湧出。

B **開湯**：開湯年は不明。

C **泉質泉色**：酸性（pH2.1）、
ナトリウム－塩化物泉、弱
黄色透明、無臭、浸透圧（低
張性）。

D **泉温・湧出量**：36.7℃（外気温不明）、湧出量不明（自噴）。

E **温泉効能**：神経痛、筋肉痛、消化器病、冷え症、打ち身、火傷、慢
性皮膚病など。

F **所在地及び標高(海抜)**：函館市恵山岬（渡島支庁）、０m。

G **寸評**：野湯の中で、「海湯」と自分勝手に名付けた露天風呂は、瀬
石温泉の先にある相泊温泉と恵山岬にある「水無海浜温泉」を含め
３ヶ所だけが北海道にある。いずれも足元湧出の湯であるが、相泊
温泉は波際から少し離れているので情緒に乏しい。その点、水無海
浜温泉は波際にあって潮の満ち引きに左右されるので、干潮時のみ
の入浴となる。

　泉質はレモン水と同様の酸性のナトリウム－塩化物泉（食塩泉）
で、少し黄色に近い透明色である。更衣場所もあるので、集落の共
同浴場の一面も感じられた。つるつるとしたアルカリ性の泉質も好
きではあるが、ピリピリとした酸性の泉質も刺激があって好きであ
る。様々な泉質があるのが温泉の魅力で、開放的な気分に浸れるの
が露天風呂である。

　水無海浜温泉の浴槽は、コンクリートと岩で造られた高さが多少
異なる浴槽が２つあって、潮位によって泉温の異なる風呂に入れる。
波の影響を少なくするために海岸にテトラポットが築かれて景観を
損なっているが、温泉を守る姿勢でもあるので無碍にもできない気
がする。

H **印象歌**：「海辺にも　自然の恵み　湧きいずる　根室と津軽　海峡の幸」

8、北海道の温泉

1）温泉地の推移

　北海道の246ヶ所で日本一と冒頭で紹介したが、これは環境庁のデーターである「平成30年度温泉利用状況」から引用したもので、最新の令和２年のデーターでは234ヶ所となっている。２年間で12ヶ所も減少していて、令和４年度（2022年）の現在においては更に減少していると想像する。そこで調査した所、宿泊施設と日帰り温泉施設が２軒以上ある温泉地が101ヶ所、１軒宿の温泉や道の駅などの温泉地が114ヶ所あった。合計で215ヶ所なので、環境庁から発表される令和４年度（2022年）のデーターに近い数値と予想する。

　今回の温泉地の調査では、昭文社から平成22年（2010年）「ライトマップル北海道道路地図」に発行された地図の温泉地を網羅した。その中には既に消滅した温泉地が随分とあって、釧路市の茅沼温泉、三笠市の桂沢温泉、鹿追町の山田温泉、岩内町の雷電温泉と朝日温泉である。最近では登別市の新登別温泉にあった旅館四季が令和２年（2020年）に閉館している。また、昭和45年（1970年）に日本交通公社から発行された『最新旅行案内１・北海道』をベースとして、昭和61年（1986年）にアサヒ出版から発行された『全国版宿泊表』、平成10年（1998年）に親樹社から発行された『日本の宿7000軒98（東日本編）』を参考にしている。その他は資料としては、宿泊した温泉旅館や温泉ホテルのパンフレット、インターネットのウィキペディアやウェブの情報を参考にしている。

01稚内温泉：30年前３軒⇒４軒、**開湯**：昭和51年（1976年）に石油の試掘で温泉が発見され、昭和53年（1978年）に開業（開湯44年）、弱アルカリ性高温の炭酸水素塩泉。

　旅館・ホテル：風の宿宗谷パレス、稚内温泉童夢、ホテル滝川、ホテル喜登。

　廃業した旅館・ホテル：稚内母子会館美雪荘（1977年廃業）、稚内市民温泉保養センター（1977年廃業）。

　日帰り温泉：稚内市健康増進センター童夢。

　所在地：稚内市（宗谷支庁）。

02豊富温泉：30年前８軒⇒６軒、**開湯**：大正15年（1926年）に石油試掘中に天然ガスとともに湧出し、昭和２年（1927年）に川島旅館が開業（開湯95年）、弱アルカリ性高温の食塩泉。

旅館・ホテル：川島旅館、ホテル豊富、ニュー温泉閣ホテル、湯快宿（町営施設）、ホテルウイン、ウカスイモシリ（湯治宿）。

廃業した旅館・ホテル：石川屋（廃業年不明）、入舟旅館（廃業年不明）、かのう旅館（廃業年不明）、元湯館（1979年焼失）、豊富観光ホテル（廃業年不明）、ニューホテルサロベツ（2009年廃業）。

日帰り温泉：ふれあいセンター。

所在地：天塩郡豊富町（宗谷支庁）。

03はまとんべつ温泉：30年前2軒⇒2軒、開湯：平成8年（1996年）に浜頓別町が既存の宿泊施設ウィングを改築（開湯26年）、弱アルカリ性高温の食塩泉。

旅館・ホテル：はまとんべつ温泉ウィング、浜頓ホテル。

所在地：中川郡浜頓別町（上川支庁）。

04岩尾温泉：30年前1軒⇒1軒、開湯：昭和56年（1981年）に増毛町が自然流出する冷鉱泉を加温して夕陽荘を開業（開湯41年）、酸性の冷鉱泉。

旅館・ホテル：夕陽荘（民間企業へ譲渡）。

日帰り温泉：あったま～る（町営）。

所在地：増毛郡増毛町（留萌支庁）。

05歌登温泉：30年前2軒⇒2軒、開湯：大正年間の朝倉福市が温泉を発見し、昭和8年（1933年）に湯小屋を開設（開湯89年）、弱酸性の冷鉱泉。

旅館・ホテル：うたのぼりグリーンパークホテル（町営）、民宿旅館朝倉温泉。

廃業した旅館・ホテル：南宗谷健康回復センター（廃業年不明）。

所在地：枝幸郡幸枝町（旧歌登町・宗谷支庁）。

06なよろ（名寄）温泉：30年前1軒⇒1軒、開湯：昭和48年（1973年）に名寄市がスキー場に開業、平成9年（1997年）に改修して第3セクターが運営（開湯49年）、中性の冷鉱泉。

旅館・ホテル：なよろ温泉サンピラー。

廃業した旅館・ホテル：ロッジピヤシリ（廃業年不明）。

所在地：名寄市（上川支庁）。

07塩狩温泉：30年前2軒⇒1軒、開湯：大正10年（1921年）に発見され、大正12年（1923年）に旅館が開業（開湯99年）、酸性の冷鉱泉。観光ホテルには小説家・三浦綾子が滞在。

旅館・ホテル：塩狩ヒュッテ。

廃業した旅館・ホテル：塩狩温泉観光ホテル（旧塩狩荘・2005年廃業）、旅荘塩狩温泉（旧塩狩ユースホステル・2006年廃業）。

所在地：上川郡和寒町（上川支庁）。

08旭川市内温泉：30年前0軒⇒4軒、開湯：平成22年（2010年）に共立メンテナンスが旭川市内で鉱泉を掘削してホテルを開業（開湯12年）、弱アルカリ性の冷鉱泉。

旅館・ホテル：天然温泉神威の湯ドーミーイン旭川、プレミアホテル-CABIN-旭川、ルートイングランディア旭川駅前、ホテルWBFグランデ旭川。

所在地：旭川市（上川支庁）。

09層雲峡温泉：30年前13軒⇒8軒、開湯：明治33年（1900年）、塩谷水次郎が発見し、大正12年（1923年）に塩谷温泉層雲閣が開業（開湯99年）、弱アルカリ性高温の単純泉。

主な旅館・ホテル：ホテル大雪、層雲峡朝陽亭（旧プリンスホテル朝陽亭）、層雲峡観光ホテル、層雲閣グランドホテル、朝陽リゾートホテル（旧層雲峡国際ホテル）、層雲峡マウントビューホテル、湯元銀泉

朝陽リゾートホテル露天風呂

閣、HOTELKUMOI（旧ホテル雲井）。

廃業した旅館・ホテル：高原温泉ホテル（廃業年不明）、白樺旅館＆ミルキーハウス（廃業年不明）、桂月荘（2005年閉館）、層雲峡保養センター（2006年閉館）、ホテル層雲（2010年破産）。

日帰り温泉：黒岳の湯。

所在地：上川郡上川町（上川支庁）。

10愛山渓温泉：30年前1軒⇒2軒、開湯：明治42年（1909年）に猟師の直井藤次郎氏が発見し昭和8年（1933年）に直井温泉が開業（開湯89年）、中性高温の硫酸塩泉。高松宮宣仁親王・三笠宮寛仁の両殿下が宿泊。

旅館・ホテル：愛山渓倶楽部(旧青少年の家)、愛山渓ヒュッテ。

廃業した旅館・ホテル：直井温泉(1962年廃業)。

所在地：上川郡上川町(上川支庁)。

11天人峡温泉：30年前4軒⇒1軒、**開湯**：明治30年(1897年)に松山多米蔵が温泉を発見し、明治33年(1900年)に天人閣が開業(開湯122年)、中性高温の芒硝泉。

旅館・ホテル：御やどしきしま荘(旧ホテル敷島荘)。

廃業した旅館・ホテル：羽衣荘(廃業年不明)、天人峡グランドホテル(2011年破綻)、天人峡パークホテル(2014年破綻)、天人閣ホテル(2018年破綻)。

所在地：上川郡東川町(上川支庁)。

12旭岳温泉：30年前8軒⇒7軒、**開湯**：大正3年(1914年)に旭川の阿久津啓吉が勇駒別温泉の名称で湯小屋を開業(開湯108年)、弱アルカリ性高温の炭酸水素塩泉。

旅館・ホテル：湯元勇駒荘、大雪山白樺荘(旧ユースホステル)、ゲストハウス北海道、ラビスタ大雪山、大雪山荘、アートヴィレッジ杜季、ホテルベアモンテ(旧旭岳万世閣ホテルディアバレー)。

ラビスタ大雪山寝湯

廃業した旅館・ホテル：天雲荘(廃業年不明)、大雪荘(廃業年不明)、旭岳パークホテル(廃業年不明)、えぞ松荘(廃業年不明)、白雲荘(廃業年不明)、ロッジヌタプカウシペ(廃業年不明)、栄楽荘(廃業年不明)、こまくさ荘(廃業年不明)、グランドホテル大雪(2012年閉館)。

所在地：上川郡東川町(上川支庁)。

13白金温泉：30年前7軒⇒4軒、**開湯**：昭和25年(1950年)に美瑛町がボーリング掘削して町営ヒュッテ白樺を開業(開湯72年)、中性高温の硫酸塩泉。

旅館・ホテル：大雪山白金観光ホテル、ホテルパークヒルズ、森の旅亭びえい、国立大雪青少年交流の家。

廃業した旅館・ホテル：ホテル十勝岳(廃業年不明)、白金センターホテル(廃業年不明)、ホテルガーデン(廃業年不明)、町営白樺荘(旧ヒュッテ白樺・2009年閉館)、銀瑛荘(旧国鉄保養所・2014年廃業)、

湯元白金温泉ホテル(2015年破綻)。

日帰り温泉：美瑛町国民保養センター。

所在地：上川郡美瑛町(上川支庁)。

14 十勝岳温泉：30年前4軒⇒3軒、**開湯**：昭和35年(1960年)に地図作成のために測量で温泉を発見、昭和38年(1963年)に凌雲閣が開業(開湯59年)、中性高温の硫酸塩泉。

旅館・ホテル：湯元凌雲閣、国民宿舎カミホロ荘、ホテル富良野思惟林(旧ホテルバーデンかみふらの)。

廃業した旅館・ホテル：青年の家上富良野荘(旧十勝青年隊の家・1978年閉館)。

所在地：空知郡上富良野町(上川支庁)。

15 島ノ下温泉：30年前3軒⇒1軒、**開湯**：明治41年(1908年)に発見され、渡辺旅館(後の五楽園)が開業(112年)、弱アルカリ性の硫黄冷鉱泉。

旅館・ホテル：ハイランドふらの(市営)。

廃業した旅館・ホテル：湯元五楽園(旧坂田温泉・1974年焼失)、松寿荘(廃業年不明)、万景荘(旧みゆき荘・廃業年不明)。

所在地：富良野市(上川支庁)・芦別市(空知支庁)。

16 丸瀬布温泉：30年前1軒⇒1軒、**開湯**：大正6年(1917年)に冷鉱泉による旅館を開設、昭和36年(1961年)に丸瀬布町が翠明荘を開業(開湯105年)、アルカリ性高温の単純泉。

旅館・ホテル：マウレ山荘。

廃業した旅館・ホテル：翠明荘(2000年閉館)。

日帰り温泉：丸瀬布温泉やまびこ。

所在地：紋別郡遠軽町(旧丸瀬布町・オホーツク支庁)。

17 北見温泉：30年前1軒⇒2軒、**開湯**：アイヌの人々がポンユ(小さな湯)と呼んでいた温泉を昭和53年(1978年)にボーリングして旅館が開業(開湯44年)、アルカリ性単純泉。

旅館・ホテル：ポンユ三光荘、ノーザンアークリゾートホテル。

廃業した旅館・ホテル：北見観光ホテル(廃業年不明)。

日帰り温泉：北見湯元のつけ乃湯。

所在地：北見市(オホーツク支庁)。

18 温根湯温泉：30年前6軒⇒2軒、**開湯**：明治32年(1899年)に国沢嘉右衛門、大江与四郎らによって旅館が開業(開湯123年)、アルカリ性高温の硫黄単純泉。

旅館・ホテル：大江本家、旅館光陽荘。

廃業した旅館・ホテル：武華ホテル(1991年廃業)、花水荘グランドホテル(旧国沢旅館・1999年破綻)、温根湯ホテル(2021年閉館)、温泉ホテルつつじ荘(2022年閉館)。

日帰り温泉：道の駅おんねゆ果夢林。

所在地：北見市(旧留辺蘂町・オホーツク支庁)。

19滝の湯温泉：30年前4軒⇒3軒、**開湯**：塩別つるつる温泉は明治34年(1901年)の開湯。昭和44年(1969年)に旧留辺蘂町が滝の湯荘を開業(開湯53年)、アルカリ性高温の硫黄単純泉。

旅館・ホテル：滝の湯センター夢風泉(旧滝の湯荘)、旅館塩別つるつる温泉、旅館寿苑。

廃業した旅館・ホテル：ニュー静林荘(2008年廃業)。

所在地：北見市(旧留辺蘂町・オホーツク支庁)。

20網走湖畔温泉：30年前8軒⇒6軒、**開湯**：昭和56年(1981年)に地下800mをボーリングして自噴する源泉を得て開湯(開湯41年)、弱アルカリ性の冷鉱泉。

旅館・ホテル：ホテル網走湖荘、ホテルビューパーク悠遊亭、網走観光ホテル(旧網走温泉センター)、網走グランドホテル、温泉旅館もとよし、あばしり湖鶴雅リゾート(旧網走保養センター)。

廃業した旅館・ホテル：網走温泉ホテル(廃業年不明)、ビジネスホテルヤング(廃業年不明)、網走保養センター(2004年閉館)。

所在地：網走市(オホーツク支庁)。

21女満別温泉：30年前3軒⇒1軒、**開湯**：平成4年(1992年)に網走湖畔に湧出する源泉が発見され、ホテル湖南荘などが引湯(開湯30年)、弱アルカリ性の冷鉱泉。

旅館・ホテル：湯元ホテル山水(旧山水旅館)。

廃業した旅館・ホテル：温泉ビジネスホテルわかやま(廃業年不明)、ホテル湖南荘(2020年破綻)。

所在地：網走郡大空町(旧女満別町・オホーツク支庁)。

22東藻琴温泉：30年前3軒⇒0軒、**開湯**：昭和45年(1970年)に旧東藻琴村が温泉をボーリングして保養センター末広荘を開業(開湯36年)、アルカリ性高温の食塩泉。

旅館・ホテル：温泉宿泊施設は消滅。

廃業した旅館・ホテル：保養センター末広荘(2006年廃業)、林業研修センターしらかば荘(2006年廃業)、藻琴山高原温泉もことやま山

荘(旧銀嶺山荘・2011年廃業)。

日帰り温泉：芝桜の湯。

所在地：網走郡大空町(旧藻琴村・オホーツク支庁)。

23清里(きよさと)温泉：30年前1軒⇒2軒、**開湯**：ホテル緑清荘は昭和56年(1981年)に清里町が開業(開湯41年)、平成6年(1994年)に改築、弱アルカリ性高温の弱食塩泉。

旅館・ホテル：ホテル緑清荘、ホテル清さと。

日帰り温泉：清里温泉緑の湯、清里温泉パパスランド。

所在地：斜里郡清里町(オホーツク支庁)。

24斜里温泉：30年前3軒⇒2軒、**開湯**：昭和51年(1976年)に地下1,000mを掘削しモール泉を得て昭和57年(1982年)に温泉宿が開業(開湯40年)、弱アルカリ性高温の食塩泉。

旅館・ホテル：斜里温泉湯元館(旧斜里温泉そばよし)、ビジネスホテル斜里グリーン温泉。

廃業した旅館・ホテル：みなと温泉山本旅館(2014年廃業)。

所在地：斜里斜里町(オホーツク支庁)。

25ウトロ温泉：30年前20軒⇒12軒、**開湯**：昭和46年(1971年)、ボーリングにより温泉が湧出し観光ホテル桑島やホテル知床が引湯(開湯51年)、弱アルカリ性高温の食塩泉。

主な旅館・ホテル：北こぶし知床ホテル＆リゾート(旧知床グランドホテル)、知床ノーブルホテル、ホテル季風クラブ知床、いるかホテル、しれとこペレケ、海に桂田(旧国民宿舎桂田)、キキ知床ナチュラルリゾート(旧知床プリンスホテル)、知床第一ホテル、知床ヴィラホテルフリーズ、ホテル知床、知床夕陽のあたる家、しれとこ村(旧つくだ荘)。

廃業した旅館・ホテル：知床岬ホテル(廃業年不明)、知床海洋ホテル(廃業年不明)、知床山荘(旧ホテルアルバトロス・廃業年不明)、知床花ホテル(廃業年不明)、知床ホテル海陽亭(2010年頃廃業)、ウナベツ自然保養村管理センター(2019年閉館)、知床荘(旧知光荘、2020年閉館)。

共同浴場：夕日台の湯。

所在地：斜里郡斜里町(オホーツク支庁)。

26羅臼温泉：30年前6軒⇒2軒、**開湯**：寛政元年(1789年)に発見されて、昭和37年(1962年)に開業(58年)、アルカリ性高温の食塩泉。

旅館・ホテル：ホテル峰の湯、らうす第一ホテル。

廃業した旅館・ホテル：町営らうす荘(廃業年不明)、知床観光ホテル(2010年廃業)。

共同浴場：熊の湯(露天風呂)。

所在地：目梨郡羅臼町(根室支庁)。

27標津温泉：30年前2軒⇒2軒、**開湯**：ホテル川畑は明治30年(1897年)の創業であるが開湯は昭和55年(1980年)のホテル楠の開業よる(開湯62年)、アルカリ性高温の食塩泉。

旅館・ホテル：標津川温泉ぽるけの館ホテル川畑、オホーツク温泉ホテル楠(国民宿舎)。

廃業した旅館・ホテル：標津温泉ホテル(廃業年不明)。

所在地：標津郡標津町(根室支庁)。

28養老牛温泉：30年前7軒⇒1軒、**開湯**：約300年前にアイヌの人が発見し、大正9年(1920年)に西村武重が旅館・養老園を開業(開湯102年)、中性中温の硫酸塩泉。

旅館・ホテル：湯宿だいいち(旧ホテル大一)。

廃業した旅館・ホテル：養老園(1942年廃業)、花山荘(2003年廃業)、旅館藤や(2014年廃業)、ホテル養老牛(旧小山旅館、2019年廃業)。

野湯：からまつの湯。

所在地：標津郡中標津町(根室支庁)。

29中標津温泉：30年前4軒⇒5軒、**開湯**：昭和59年(1984年)に開業の中標津保養所温泉旅館が老舗(開湯38年)、アルカリ性高温の弱食塩泉。

旅館・ホテル：ホテルマルエー温泉本館、ホテルマルエー温泉俵橋、トーヨーグランドホテル、ホテルモアン(旧北ホテルチロロの湯)、中標津保養所温泉旅館(旧東中温泉)。

廃業した旅館・ホテル：ウイングイン中標津(廃業年不明)。

所在地：標津郡中標津町(根室支庁)。

30尾岱沼(野付)温泉：30年前3軒⇒3軒、**開湯**：昭和29年(1954年)に戸田旅館が冷鉱泉を用い開業(開湯68年)、昭和57年(1982年)に温泉を掘削、中性高温の単純泉と食塩泉。

旅館・ホテル：尾岱沼温泉シーサイドホテル、野付元湯うたせ屋(旧戸田旅館)、楠旅館。

共同浴場：浜の湯。

所在地：野付郡別海町(根室支庁)。

31別海温泉：30年前３軒⇒０軒、**開湯**：昭和46年(1971年)に別海温泉
ホテルが開業、平成３年(1991年)に別海町が交流センターを開業(開
湯31年)、弱アルカリ性中温の食塩泉。

旅館・ホテル：温泉宿泊施設は消滅

廃業した旅館・ホテル：多喜屋旅館(廃業年不明)、別海温泉ホテル
(2008年廃業)。

日帰り温泉：別海町ふるさと交流館(旧べっかい交流センター郊楽
苑から移行)

所在地：野付郡別海町(根室支庁)。

32川湯温泉：30年前15軒⇒10軒、**開湯**：明治19年(1886年)に発見され
て、明治37年(1904年)にロシア風の１軒宿が開業(開湯136年)、大
正15年(1926年)に川湯第一ホテルが開業(開湯93年)、酸性高温の硫
酸塩泉。

主な旅館・ホテル：お宿欣喜湯(旧川湯ホテルプラザ)、湯の閣池田
屋(旧ホテルニュー湯の閣)、川湯観光ホテル、ホテル開鉱、ホテル
パークウェイ、KKRかわゆ(旧白樺荘)、ARtlNng極寒藝術伝染装
置＆野外美術館＆Bar、EZOライダーハウス、旅・人・宿あさ寝坊、
ログハウス川湯。

廃業した旅館・ホテル：ホテルニュー北一館(廃業年不明)、川湯本
陣橘屋(廃業年不明)、まつも荘(廃業年不明)、華の湯ホテル(廃業
年不明)、国民宿舎川湯ホテルパーク(廃業年不明)、ホテル湖山荘(廃
業年不明)、かに籠亭湯元濱岡(廃業年不明)、ホテル東光(廃業年不
明)、川湯プリンスホテル(1999年破綻)、ホテル風月(2008年焼失)、
御園ホテル(2016年廃業)、グランドホテルアレックス川湯(旧川湯
グランドホテル・2019年閉館)、川湯第一ホテル忍冬(2019年破綻)、
名湯の森ホテルきたふくろう(旧川湯国際ホテル・2020年破綻)。

共同浴場：川湯公衆浴場。

所在地：川上郡弟子屈町(釧路支庁)。

33仁伏温泉：30年前５軒⇒１軒、**開湯**：明治31年(1898年)に浅野清次
が開発し、昭和５年(1930年)に営林署の保養所が開業(開湯124年)、
中性高温の単純泉。

旅館・ホテル：屈斜路湖ホテル。

廃業した旅館・ホテル：クワハウス屈斜路(2008年廃業)、国民宿舎
にぶしの里(2008年頃廃業)、ホテルレイクウッド屈斜路湖(2008年
頃廃業)、屈斜路湖荘(2020年休業中)。

日帰り温泉：ぽっぽや仁伏保養所(2016年休業中)。

所在地：川上郡弟子屈町(釧路支庁)。

34池ノ湯温泉：30年前4軒⇒0軒、**開湯**：関西の松田力三が開発したレジャー温泉地。

旅館・ホテル：消滅。

廃業した旅館・ホテル：赤の湯荘(廃業年不明)、旅館池の湯(廃業年不明)、いなせレジャーランド鹿苑荘(2001年破綻)、松屋旅館(2010年頃廃業)。

野湯：池ノ湯露天風呂。

所在地：川上郡弟子屈町(釧路支庁)。

35コタン温泉：30年前1軒⇒1軒、**開湯**：アイヌコタンの集落に民宿が開業(開湯年不明)、コタンの湯が好評、中性中温の炭酸水素塩泉。

旅館・ホテル：レークサイドリゾート・ペンションクッシャレラ。

廃業した旅館・ホテル：温泉宿丸木舟(廃業年不明)。

共同浴場：コタン共同浴場、

野湯：コタンの湯。

所在地：川上郡弟子屈町(釧路支庁)。

36和琴温泉：30年前4軒⇒1軒、**開湯**：大正5年(1916年)に温泉宿が開業(開湯106年)、中性中温の単純泉。明治の随筆家・大町桂月が来訪して命名。

旅館・ホテル：温泉旅館湖心荘。

廃業した旅館・ホテル：三湖荘(廃業年不明)、和琴旅館(廃業年不明)、和琴観光ホテル(廃業年不明)、めぐみや(2013年閉館)。

野湯：桂月の湯(共同露天風呂)。

所在地：川上郡弟子屈町(釧路支庁)。

37弟子屈温泉(摩周温泉)：30年前10軒⇒1軒、**開湯**：古くから温泉の湧出が知られ、明治18年(1885年)に本山七右衛門が白雲荘を開業(開湯137年)、アルカリ性高温の単純泉。

旅館・ホテル：ホテル摩周(旧摩周閣)。

廃業した旅館・ホテル：摩周グランドホテル(廃業年不明)、弟子屈旅館(廃業年不明)、東洋館(廃業年不明)、桂荘(廃業年不明)、北洋館(廃業年不明)、銀林荘(廃業年不明)、摩周パークホテル(旧白雲荘・廃業年不明)、ホテル丸米(廃業年不明)、慶楽荘(廃業年不明)、ホテルニュー子宝(2014年破綻)。

共同浴場：泉の湯。

所在地：川上郡弟子屈町（釧路支庁）。

38鐺別温泉（摩周温泉）：30年前6軒⇒0軒、**開湯**：明治17年（1884年）にはアイヌの人々が湯治していたと伝承（開湯138年）、弱アルカリ性高温の食塩泉。

旅館・ホテル旅館：民宿やペンション以外は消滅。

廃業した旅館・ホテル：聖林荘（廃業年不明）、摩周亭萩の家（廃業年不明）、いちい（廃業年不明）、摩周国際ホテル（旧国民宿舎光風苑・2005年廃業）、KKR弟子屈大鵬荘（川湯温泉に移転）。

共同浴場：亀乃湯。

所在地：川上郡弟子屈町（釧路支庁）。

39阿寒湖温泉：30年前23軒⇒13軒、**開湯**：アイヌの人が利用していた温泉で、明治45年（1912年）に旅館が開業（開湯110年）、中性高温の単純泉。

主な旅館・ホテル：あかん湖悠久の里鶴雅（旧阿寒グランドホテル）・あかん湖鶴雅ウィングス、あかん鶴雅別荘鄙の座（旧阿寒観光ホテル）、ニュー阿寒ホテル、ホテル阿寒湖荘、阿寒の森鶴雅リゾート花ゆう香（旧ホテル山浦）、ホテル御前水（旧ホテルニュー大東）、カムイの湯ラビスタ阿寒川、東邦館、芳友荘、阿寒湖バスセンター宿泊部、八谷旅館、民宿桐（旧旅館）。

廃業した旅館・ホテル：くまやホテル（廃業年不明）、ホテル市川別館丹頂（廃業年不明）、ホテル市川（廃業年不明）、湖畔乃宿いこい（廃業年不明）、あかんパークイン（旧阿寒パーク・廃業年不明）、阿寒ロイヤルホテル（旧まりも荘・2007年閉館）、阿寒ビューホテル（2010年頃廃業）、ホテル山水荘（2022年閉館）。

所在地：北海道釧路市（旧阿寒町・釧路支庁）。

40標茶温泉：30年前4軒⇒2軒、**開湯**：昭和51年（1976年）から各地でモール泉が掘削されて開発（開湯48年）、アルカリ性高温の硫黄泉。

旅館・ホテル：藤花温泉ホテル、ホテル・テレーノ気仙。

廃業した旅館・ホテル：シロンドー温泉（2006年頃廃業）。

日帰り温泉：富士温泉（旅館から移行）。

所在地：川上郡標茶町（釧路支庁）。

41茅沼温泉：30年前2軒⇒0軒、**開湯**：昭和50年（1975年）、標茶町が釧路湿原の地下1,100mから温泉を掘削して昭和53年（1978年）温泉施設を開業。

旅館・ホテル：消滅。

廃業した旅館・ホテル：モールガーデンホテルむらぎし(2007年廃業)、くしろ湿原パーク憩の家かや沼(2019年閉館)。

所在地：川上郡標茶町(釧路支庁)。

42鶴居温泉：30年前３軒⇒２軒、**開湯**：昭和53年(1983年)に鶴居村が運動広場に開業(開湯39年)、ホテルタイトの開湯は平成10年(1998年)、アルカリ性高温の弱食塩泉。

旅館・ホテル：鶴居温泉ホテルグリーンパークつるい、鶴居ノーザンビレッジホテルTAITO(旧和田旅館)。

廃業した旅館・ホテル：湿原温泉民宿つるい(旧湯元鶴乃家・2014年廃業)。

所在地：阿寒郡鶴居村(釧路支庁)。

43芦別温泉：30年前２軒⇒１軒、**開湯**：昭和47年(1972年)に廃校となった油谷小学校から湧出していた鉱泉を使用し、健民センター芦別温泉が開業(開湯50年)、中性の冷鉱泉。

旅館・ホテル：スターライトホテル、国民宿舎あしべつ(旧ヘルスセンター星遊館)。

廃業した旅館・ホテル：健民センター芦別温泉(廃業年不明)。

所在地：芦別市(空知支庁)。

44桂沢温泉：30年前２軒⇒０軒、**開湯**：昭和47年(1972年)に桂沢湖周辺に桂沢観光ホテルが開業するが道路拡張に伴い廃業し開湯38年で消滅。

旅館・ホテル：消滅。

廃業した旅館・ホテル：西桂沢温泉地域健康増進センター(2009年廃業)、桂沢観光ホテル(2010年廃業)。

所在地：三笠市(空知支庁)。

45月形温泉：30年前２軒⇒２軒、**開湯**：昭和62年(1987年)に月形町が日帰り温泉を開業し翌年にホテル棟を新築し、更に平成４年(1992年)には別館花工房を増築(開湯35年)、弱アルカリ性低温泉の食塩泉。

旅館・ホテル：月形温泉ホテル、別館はな工房。

日帰り温泉：月形温泉ゆりかご。

所在地：樺戸郡月形町(空知支庁)。

46美唄温泉：30年前１軒⇒１軒、**開湯**：ホテル東明閣の開湯は不明であるが、ピパの湯ゆ〜りん館は平成15年(2003年)に開業(開湯19年)、弱アルカリ性の冷鉱泉。

旅館・ホテル：ピパの湯ゆ～りん館。

廃業した旅館・ホテル：ホテル東明閣(廃業年不明)。

所在地：美唄市(空知支庁)。

47夕張温泉：30年前2軒⇒1軒、**開湯**：昭和35年(1960年)に夕張温泉観光ホテルが開業した時が開湯(62年)、スキー場にあるレースイの湯が唯一の温泉施設、中性の冷鉱泉。

旅館・ホテル：夕張リゾートレースイの湯。

廃業した旅館・ホテル：夕張温泉観光ホテル(1980年頃廃業)、ゆうばりホテルシューパロ(旧夕張温泉夕鹿の湯・2017年廃業)

所在地：夕張市(空知支庁)。

48由仁(ユンニ)温泉：30年前2軒⇒1軒、**開湯**：明治時代に伏見温泉として開湯し平成5年(1993年)に町営のユンニの湯が開業(開湯29年)、アルカリ性の冷鉱泉。

旅館・ホテル：ユンニの湯。

廃業した旅館・ホテル：ゆに温泉山路(廃業年不明)。

所在地：夕張郡由仁町(空知支庁)。

49雌阿寒温泉：30年前5軒⇒1軒、**開湯**：アイヌの人が利用していた温泉で、野中増次郎氏が大正3年(1914年)に旅館を開業(106年)、弱酸性高温の硫黄泉。

旅館・ホテル：野中温泉旅館。

廃業した旅館・ホテル：阿寒富士荘(廃業年不明)、オンネトー温泉景福(2014年廃業)。

日帰り温泉：旧野中温泉ユースホステル。

所在地：足寄郡足寄町(十勝支庁)。

50ぬかひら(糠平)温泉：30年前10軒⇒8軒、**開湯**：大正8年(1919年)に温泉が発見され、湯元館が大正13年(1924年)に開業(開湯98年)、中性高温の炭酸水素塩泉。

主な旅館・ホテル：湯元館、糠平館観光ホテル、中村屋(旧富士見観光ホテル)、山の旅籠山湖荘、糠平温泉ホテル。

廃業した旅館・ホテル：ホテル琴月(廃業年不明)、大雪グランドホテル(旧旅館大雪・2007年破産)、湖水荘(旧国鉄保養所・2010年廃業)。

所在地：河東郡上士幌町(十勝支庁)。

51幌加温泉：30年前2軒⇒1軒、**開湯**：昭和21年(1945年)に自噴する温泉を利用して、混浴温泉の鹿の家が開業(開湯77年)、中性高温の食塩泉・硫黄泉など。

旅館・ホテル：湯元鹿の谷。

廃業した旅館・ホテル：ホロカ温泉旅館(2011年廃業)。

所在地：河東郡上士幌町(十勝支庁)。

52然別湖畔温泉：30年前2軒⇒1軒、**開湯**：大正11年(1922年)に清野正次が旅館を開業(開湯100年)、中性高温の食塩泉。

旅館・ホテル：然別湖畔温泉ホテル風水。

廃業した旅館・ホテル：ホテル光風荘(1949年焼失)、然別湖ホテル福原(2019年閉館)。

所在地：河東郡鹿追町(十勝支庁)。

53山田温泉：30年前2軒⇒0軒、**開湯**：昭和8年(1933年)に山田角太が温泉旅館を開業。

旅館・ホテル：消滅。

廃業した旅館・ホテル：鹿追自然ランドレストハウス(廃業年不明)、然別湖ホテル福原別館山田温泉(旧山田温泉ホテル福原・2016年廃業)。

所在地：河東郡鹿追町(十勝支庁)。

54しほろ(下居辺)温泉：30年前2軒⇒1軒、**開湯**：昭和48年(1973年)に酪農家・坪坂屯が地下355mより温泉掘削して旅館を開業。町営の緑風荘はモール泉を掘削して平成13年(2001年)に道の駅に併設してリニューアル(開湯21年)、アルカリ性高温の弱食塩泉。

旅館・ホテル：道の駅しほろ温泉緑風(旧緑風荘)。

廃業した旅館・ホテル：山の湯温泉清渓園(旧士幌旅館・2012年廃業)。

所在地：河東郡士幌町(十勝支庁)。

55十勝川温泉：30年前22軒⇒15軒、**開湯**：明治33年(1900年)にアイヌの人々が利用していた薬の湯を引湯して湯宿が開設、大正2年(1913年)に前田友三郎が温泉旅館を開業(開湯109年)、弱アルカリ性の炭酸水素塩泉。

主な旅館・ホテル：笹井ホテル、湯元富士ホテル、観月苑(旧観月ホテル)、第一ホテル和風館豊洲亭・豆陽亭、三余庵、ホテル大平原、とかち宿田園、丸美ヶ丘温泉ホテル、ホテル鳳乃舞、イージーリビングテラス(旧十勝川温泉ホテル)、帯広リゾートホテル、ロッジラッキーフィールド、ホテルアルムINヤトフケ。

廃業した旅館・ホテル：ホテルサムソン(廃業年不明)、音更町サイクリングターミナルはにうの宿(2012年閉館)、グランドホテル雨宮

館(2009年廃業)、かんぽの宿十勝川(2014年閉館)、ホリデーインホテル十勝川(2021年破綻)。

日帰り温泉：ガーデンスパ十勝川温泉。

所在地：河東郡音更町(十勝支庁)。

56帯広温泉：30年前4軒⇒3軒、**開湯**：昭和55年(1980年)に銭湯のローマノ湯がボーリング掘削をしてモール泉に切替(開湯42年)、それから温泉銭湯や温泉ホテルが続々開業。

旅館・ホテル：北海道ホテル、十勝ガーデンズホテル、ふく井ホテル、みどりヶ丘サウナビジネスホテル、光南温泉ホテル光南、温泉ホテルボストン、プレミアムホテル、天然温泉たぬきの里。

温泉銭湯：ローマノ湯・ローマノ福の湯、アサヒ湯、白樺温泉。

旅館・ホテル：君乃湯温泉(2022年廃業)。

所在地：帯広市(十勝支庁)。

57本別温泉：30年前2軒⇒1軒、**開湯**：昭和31年(1956年)に山渓閣温泉旅館が開業するが廃業、昭和51年(1976年)に本別温泉グランドホテルが地元の建設会社が開業させるが中国資本の会社に移行するが休業中、弱アルカリ性低温の食塩泉。

旅館・ホテル：本別温泉グランドホテル(2020年休業)。

廃業した旅館・ホテル：山渓閣温泉ホテル(旧山渓閣温泉旅館・2007年廃業)。

所在地：中川郡本別町(十勝支庁)。

58幕別温泉：30年前2軒⇒2軒、**開湯**：大正時代に冷鉱泉が発見されて若山牧水が大正15年(1926年)に投宿した黒田温泉などが開業(約100年)、弱アルカリ性高温の単純泉。

旅館・ホテル：十勝幕別温泉グランヴィリオホテル(旧十勝幕別温泉ホテル緑館)、幕別温泉パークホテル。

日帰り温泉：札内ガーデン温泉。

廃業した旅館・ホテル：黒田温泉(1935年頃廃業)。

所在地：中川郡幕別町(十勝支庁)。

59しんしのつ温泉：30年前1軒⇒1軒、**開湯**：平成3年(1991年)に新篠津村の第セクターによってゴルフ場に併設して開業(開湯31年)、中性高温の強食塩泉。

旅館・ホテル：しんしのつ温泉たっぷの湯。

日帰り温泉：しんしのつ温泉アイリス。

所在地：石狩郡新篠津村(石狩支庁)。

60江別温泉：30年前1軒⇒1軒、**開湯**：昭和初期に富士屋旅館が開業したのが温泉地の始まり（開湯約90年）、弱アルカリ性中温の強食塩泉。

旅館・ホテル：江別温泉ビジネスホテル野幌、

廃業した旅館・ホテル：江別温泉富士屋旅館（2019年廃業）。

日帰り温泉：北のたまゆら江別、江別天然温泉湯の花江別殿。

所在地：江別市（石狩支庁）。

61すすきの温泉：30年前1軒⇒11軒、**開湯**：昭和63年（1988年）にすすき野にジャスマックプラザホテルが開業（開湯34年）、アルカリ性低温の弱食塩泉。

旅館・ホテル：ジャスマックプラザホテル、アートホテルズ札幌、札幌プリンスホテル、ONSEN-RYOKAN由縁札幌、ホテルマイスティズプレミア札幌パーク、からくさホテル札幌、JRタワーホテル日航札幌、スーパーホテル札幌・すすきの、プレミアホテル-CABIN-札幌、ラ・ジェント・ステイ札幌大通、スーパーホテル札幌・北5条通。

日帰り温泉：スパ・サフロ（旧北欧クラブ）、こみちの湯ほのか。

所在地：札幌市中央区（石狩支庁）。

62小金湯温泉：30年前3軒⇒2軒、**開湯**：明治16年（1883年）頃に温泉が発見されて、明治20年（1887年）に吉川旅館が開業（開湯135年）、弱アルカリ性低温の単純硫黄泉。

旅館・ホテル：湯元小金湯（旧小金湯クアパークホテル）、湯元旬の御宿まつの湯（旧松の湯旅館）。

廃業した旅館・ホテル：小金湯温泉旅館（2007年廃業）。

所在地：札幌市南区（石狩支庁）。

63定山渓温泉：30年前40軒⇒20軒、**開湯**：江戸時代末期の安政5年（1858年）、松浦武四郎が発見し、明治3年（1870年）に修験僧・美泉定山が旅館を開業（開湯152年）、北海道三大温泉地、中性高温の食塩泉。

主な旅館・ホテル：定山渓ホテル、ホテル鹿の湯・花もみじ、章月グランドホテル、ぬくもりの宿ふる川（旧定山渓パークホテル）、定山渓ビューホテル、定山渓万世閣ホテルミリオーネ、悠久の宿白糸（旧定山渓白糸ホテル）、定山渓佳松御苑、定山渓第一寶亭留・翠山亭、定山渓鶴雅リゾートスパ森の謌（旧ホテル新定山渓ゆらら）、ぬくもりの宿ふる川、旅籠屋定山渓商店、翠山亭倶楽部定山渓、敷島

定山渓別邸、女性の宿翠蝶館、厨翠山、シャレーアイビー定山渓、温泉旅館錦和荘、グランドブリッセンホテル定山渓、温泉旅館錦和荘、湯元旬の御宿まつの湯、SAKURA定山渓膳、倶楽部錦渓、コンドミニアム定山渓。

廃業した旅館・ホテル：定山渓第一ホテル(廃業年不明)、あけぼの旅館(廃業年不明)、旅館香取(廃業年不明)、北海ホテル(廃業年不明)、パレスホテル(廃業年不明)、万惣(廃業年不明)、とき和旅館(廃業年不明)、逓信保養所太虚荘(廃業年不明)、KKR定山渓青巒荘(2008年解体)、ホテル渓谷荘(2009年閉鎖)、札幌市ライラック荘(2010年閉館)、定山渓ニューグランドホテル(2014年廃業)、道警保養所渓山荘(2014年閉館)、ホテル山水(2018年破綻)、札幌市職員共済組合渓流荘(2018年閉館)、定山渓グランドホテル瑞苑(2019年閉館)、定山渓観光ホテル山渓苑(2020年閉館)。

日帰り温泉：湯の花定山渓殿、白樺の湯。

所在地：札幌市南区(石狩支庁)。

64支笏湖温泉：30年前10軒⇒7軒、**開湯**：昭和49年(1974年)にボーリングにより湧出し開発(開湯48年)、弱アルカリ性高温の炭酸水素塩泉。

旅館・ホテル：ホテル翠明閣、支笏湖観光ホテル、支笏湖レイクサイドホテル、旅亭あしり支笏湖、湖月荘、休暇村支笏湖(旧支笏湖国民休暇村)、支笏湖北海ホテル。

廃業した旅館・ホテル：支笏湖プリンスホテル(廃業年不明)、オコタン温泉支笏湖グランドホテル(廃業年不明)、オコタン温泉オコタン荘(2012年頃休業)。

所在地：千歳市(石狩支庁)。

65丸駒温泉：30年前2軒⇒1軒、**開湯**：大正4年(1915年)に佐々木初太郎が支笏湖畔に温泉宿を開業(開湯107年)、中性中温の硫酸塩泉。

旅館・ホテル：丸駒温泉旅館。

廃業した旅館・ホテル：伊藤温泉ホテル(2013年閉館)。

所在地：千歳市(石狩支庁)。

66積丹温泉：30年前2軒⇒1軒、**開湯**：昭和61年(1986年)の宿泊表に美国海浜ホテルが温泉宿と記載、平成9年(1997年)に積丹町が温泉を掘削(開湯27年)、中性高温の食塩泉。

旅館・ホテル：汐さいの宿海浜館(旧美国海浜ホテル)。

廃業した旅館・ホテル：ホテルしゃこたん(2005年頃廃業)、岬の湯

しゃこたん（2022年閉館）。

　　所在地：積丹郡積丹町（後志支庁）。

67**朝里川温泉**：30年前8軒⇒6軒、**開湯**：昭和27年（1952年）に戦前に
　掘削した源泉を復活させ昭和29年（1954年）に元湯温泉旅館が開業
　（開湯68年）、アルカリ性中温の食塩泉。

　　旅館・ホテル：ホテル武蔵
　亭、おたる宏楽園、小樽朝
　里クラッセホテル（旧小樽
　マリンリゾート）、小樽旅
　亭蔵群、プチホテルローマ
　ン、朝里川温泉ホテル（旧
　かんぽの宿小樽）。

　　廃業した旅館・ホテル：
　朝里湯元ホテル（元湯温泉
　旅館・廃業年不明）、朝里
　グランドホテル（廃業年不
　明）、朝里川観光ホテル（廃
　業年不明）、うぐいす亭（廃
　業年不明）、八宏園（廃業年
　不明）、市営朝里川温泉セ
　ンター（廃業年不明）、ホテ
　ル朝里の森（廃業年不明）、
　朝里パークホテル（廃業年
　不明）、植木屋旅館（廃業年不明）。

かんぽの宿小樽

かんぽの宿小樽ロビー

　　日帰り温泉：小樽天然温泉湯の花朝里殿。

　　所在地：小樽市（後志支庁）。

68**盃温泉**：30年前5軒⇒1軒、**開湯**：明治38年（1905年）に発見されて
　高島の湯と称され、昭和23年（1948年）に潮香荘が開業（開湯74年）、
　アルカリ性高温の石膏泉。

　　旅館・ホテル：ホテル潮香荘。

　　日帰り温泉：茂岩温泉ホテル。

　　廃業した旅館・ホテル：ホテル積丹荘（廃業年不明）、温泉民宿レス
　トハウス岩田（廃業年不明）、村営国民宿舎もいわ荘（2015年廃業）。

　　所在地：古宇郡泊村（後志支庁）。

69いわない温泉：30年前５軒⇒２軒、**開湯**：昭和53年（1978年）に円山高原の温泉開発によって国民年金健康保養センターが開業（開湯44年）、中性高温の食塩泉。

旅館・ホテル：いわない高原ホテル、高島旅館別館おかえりなさい（旧いわない円山温泉聖観湯）。

廃業した旅館・ホテル：ホテルグリーンパークいわない（旧国民年金健康保養センター・2019年閉館）・別館フィンヴレッジ（廃業年不明）。

日帰り温泉：サンサンの湯。

所在地：岩内郡岩内町（後志支庁）。

70朝日温泉：30年前２軒⇒０軒、**開湯**：正徳元年（1711年）に発見者されて弘化元年（1844年）に湯宿が開業。

旅館・ホテル：消滅。

廃業した旅館・ホテル：朝日温泉（廃業年不明）、朝日温泉旅館（2010年廃業）。

所在地：岩内郡岩内町（後志支庁）。

71雷電温泉：30年前５軒⇒０軒、**開湯**：昭和38年（1963年）に国道の開通に伴い開発。

旅館・ホテル：消滅。

廃業した旅館・ホテル：雷電閣（廃業年不明）、なつぼ荘（廃業年不明）、ホテル八一（旧ホテル雷電・廃業年不明）、ホテル観光かとう（廃業年不明）、みうらや温泉旅館（2019年廃業）。

所在地：北海道岩内町。

72ニセコ五色温泉：30年前２軒⇒１軒、**開湯**：昭和55年（1930年）に旅館が開業（開湯92年）、平成10年（1998年）にログハウスの一部建て替え、弱酸性高温の硫化水素泉。

旅館・ホテル：五色温泉旅館。

廃業した旅館・ホテル：ニセコ山の家（旧国鉄保養所・2016年廃業）。

所在地：磯谷郡蘭越町（後志支庁）。

73ニセコ新見温泉：30年前２軒⇒０軒、**開湯**：明治41年（1908年）に新見直太郎が温泉を発見して明治45年（1912年）に開業。

旅館・ホテル：消滅。

廃業した旅館・ホテル：ホテル新見本館（2016年廃業）、新見温泉ホテル（2016年廃業）。

所在地：磯谷郡蘭越町（後志支庁）。

74ニセコ湯本温泉：30年前3軒⇒1軒、**開湯**：古くは馬場温泉と呼ばれたが実質的な開湯は、昭和42年(1967年)に国民宿舎雪秩父の開業した時(開湯55年)、秩父の名は昭和初期に秩父宮雍仁親王が訪問されたことに因む。酸性高温の単純硫黄泉。

　旅館・ホテル：月美の宿紅葉館(旧ニセコ山荘)。

　廃業した旅館・ホテル：ロッジチセハウス(廃業年不明)、旧国民宿舎雪秩父。

　日帰り温泉：蘭越町交流促進センター雪秩父。

　所在地：磯谷郡蘭越町(後志支庁)。

75ニセコ昆布温泉：30年前3軒⇒5軒、**開湯**：発見者は不明であるが、明治32年(1899年)に鯉川温泉旅館が開業(開湯123年)、中性高温の食塩泉。

　旅館・ホテル：ニセコグランドホテル、ホテルルーベンデンスニセコ、ホテル甘露の森(旧ホテルレイトンニセコ)、鶴雅別荘杢の抄、ワン・ニセコ・リゾート・タワーズ。

　廃業した旅館・ホテル：青山温泉不老閣(廃業年不明)、紅葉谷温泉旅館(廃業年不明)、富士観光ホテル(廃業年不明)、ホテルありしニセコ(廃業年不明)、鯉川温泉旅館(2019年閉館)。

　所在地：磯谷郡蘭越町(後志支庁)。

76昆布川温泉：30年前2軒⇒1軒、**開湯**：昭和33年(1958年)に幽泉閣が開業(開湯64年)、平成10年(1998年)に改築、弱アルカリ性高温の炭酸水素塩泉。

　旅館・ホテル：町営温泉幽泉閣。

　廃業した旅館・ホテル：ニセコ荘(廃業年不明)。

　所在地：磯谷郡蘭越町(後志支庁)。

77ニセコアンヌプリ温泉：30年前1軒⇒3軒、**開湯**：昭和47年(1972年)にアンヌプリ国設スキー場の開設に伴い温泉宿が開業(開湯50年)、中性高温の炭酸水素塩泉。

　旅館・ホテル：いこいの湯宿いろは(旧ニセコいこいの森)、湯心亭、ニセコノーザンリゾート・アンヌプリ。

　所在地：虻田郡ニセコ町(後志支庁)。

78ニセコ東山温泉：30年前4軒⇒3軒、**開湯**：昭和57年(1982年)に西武グループが東山スキー場を開設し、東山プリンスホテルを開業(開湯40年)、中性高温の硫化塩泉。

　旅館・ホテル：ヒルトンニセコビレッジ(旧東山プリンスホテル)、

ザ・グリーンリーフ・ニセコビレッジ。

所在地：虻田郡ニセコ町（後志支庁）。

79ニセコひらふ温泉：30年前3軒⇒15軒、**開湯**：明治30年（1897年）に発見者の山田邦吉が比羅夫に山田温泉を開業（開湯125年）、1940年代には三笠宮崇仁親王と高松宮宣仁親王がスキーで訪問、中性高温の硫化水素泉。

主な旅館・ホテル：白雲荘、銀嶺（旧銀嶺荘）、ホテルニセコアルペン、湯元ニセコプリンスホテルひらふ亭、ザ・ヴェールニセコ、ニセコジェイファーストニセコ、ニセコパークホテル、スカイニセコ、木ニセコ、シャレーアイビー、綾ニセコ、楽水山、雪ニセコ、山翠ニセコ。

廃業した旅館・ホテル：大雪閣（1983年廃業）、ニセコ山田温泉ホテル（2009年廃業）、ホテルニセコスコットぽぽろの湯（2011年閉館）、ニセコ高原ホテル（2012年廃業）、温泉の宿ゆころ（2018年廃業）。

所在地：虻田郡倶知安町（後志支庁）。

80ニセコ花園温泉：30年前2軒⇒2軒、**開湯**：平成16年（2004年）にナチュラルリゾートワイスホテルが開業するが平成30年（2018年）に廃業するので、平成27年（2015年）の開業した坐忘林が実質的な開湯（7年）、中性中温の硫酸塩泉。

旅館・ホテル：坐忘林、パークハイアットニセコHANAZONO。

廃業した旅館・ホテル：ワイスホルン温泉（2009年廃業）、ニセコワイス寶亭留（旧ニセコワイフ高原山荘緑館・2018年廃業）。

所在地：虻田郡倶知安町（後志支庁）。

81モッタ海岸温泉：30年前2軒⇒2軒、**開湯**：昭和47年（1972年）にボーリングによって温泉を掘削し昭和51年（1976年）に温泉旅館を開業（開湯46年）、中性高温の硫化水素泉。

旅館・ホテル：モッタ海岸温泉旅館、きむら温泉旅館。

所在地：島牧郡島牧村（後志支庁）。

82北湯沢温泉：30年前9軒⇒4軒、**開湯**：明治15年（1882年）に上野梅吉が梅吉温泉を開業（開湯140年）、その後は横山温泉と称されるが現在名に変更、アルカリ性高温の単純泉。

旅館・ホテル：緑の風リゾートきたゆざわ（旧湯元名水亭）、きたゆざわ森のソラニワ（旧湯元第二名水亭）、湯元ホロホロ山荘（旧村営国民宿舎ホロホロ荘）、澤の宿錦泉閣（旧御宿かわせみ）。

廃業した旅館・ホテル：ホテル玉の湯（廃業年不明）、ホテル横山（旧

横山温泉ホテル・2000年廃業)、北湯沢山荘(2008年廃業)、旅館鯉川(旧鯉の里なかむら・2018年頃廃業)、御宿竜松庵(2018年頃廃業)。

所在地：伊達市(旧大滝村・胆振支庁)。

83洞爺湖温泉：30年前30軒⇒20軒、**開湯**：明治43年(1910年)の火山噴火によって温泉が湧出し大正6年(1917年)に竜湖館が開業(開湯105年)。中性高温の炭酸水素塩泉。

主な旅館・ホテル：洞爺湖万世閣ホテルレイクサイドテラス、洞爺観光ホテル、ザレイクリゾートTOYA乃の風リゾート(旧洞爺パークホテル天翔)、洞爺湖畔ごきらく亭、ホテルグランドトーヤ、ゆとりろ洞爺湖(旧洞爺山水ホテル)、洞爺グリーンホテル、北海ホテル、洞爺湖畔亭(旧洞爺プリンスホテル湖畔亭)、ホテルニュー洞爺湖、グランヴィレッヂ洞爺大和旅館アネックス(旧洞泉閣)、洞爺温泉ホテル華美、ホテルプレミアム・レークトーヤ、洞爺サンパレスリゾート＆スパ、ホテルココア。

廃業した旅館・ホテル：旅館ひふみ(廃業年不明)、洞爺湖グランドホテル(廃業年不明)、山の上ホテル(廃業年不明)、洞爺ホテル(廃業年不明)、ホテル湯本(旧旅館湯本・廃業年不明)、ホテル加賀屋(廃業年不明)、光風園(廃業年不明)、富士屋ホテル(旧富士屋旅館・廃業年不明)、花月ホテル(廃業年不明)、第一ホテル(廃業年不明)、ホテル湖潭(廃業年不明)、洞爺湖旭ホテル(廃業年不明)、五月ホテル(廃業年不明)、トーヤ辰美(廃業年不明)、ホテル大東(廃業年不明)、洞爺レークホテル(廃業年不明)、パークホテルサンパレス(廃業年不明)、洞爺プリンスホテル(廃業年不明)、美園旅館(廃業年不明)、白馬旅館(廃業年不明)、たかつ旅館(廃業年不明)、旅館吉の家(廃業年不明)、KKR洞爺翠明荘(廃業年不明)、洞爺かんぽ保養センター(2004年閉館)、トーヤ温泉ホテル(旧洞爺湖温泉ホテル・2010年破綻)、湯宿大和(旧大和旅館・2020年廃業)。

所在地：虻田郡洞爺湖町(胆振支庁)。

84壮瞥温泉：30年前7軒⇒5軒、**開湯**：明治43年(1910年)の火山噴火によって温泉が湧出、大正6年(1917年)に温泉宿が洞爺湖畔に開業(開湯105年)、中性高温の重曹泉。

旅館・ホテル：洞爺サンパレスリゾート＆スパ(旧パークホテルホテルサンパレス)、ザ・レイクスイート湖の栖、旬彩宿房いこい荘、ホテル中の島、旅館湖畔荘。

廃業した旅館・ホテル：ホテル大東(廃業年不明)、昭和新山ホテル

（廃業年不明）、グランドホテル（廃業年不明）、洞爺観光館（廃業年不明）、青湖荘（廃業年不明）、湖畔の宿洞爺かわなみ（2015年閉館）。

日帰り温泉：町営洞爺いこいの家。

所在地：有珠郡壮瞥町（胆振支庁）。

85蟠渓温泉：30年前3軒⇒2軒、**開湯**：明治17年（1883年）に伊藤温泉旅館が開業し開湯されるが廃業したために2軒の旅館が継承（開湯139年）、弱アルカリ性高温の硫化水素泉。

旅館・ホテル：蟠岳荘、ばんけい温泉湯人家。

廃業した旅館・ホテル：蟠渓温泉健康センター（廃業年不明）、蟠渓伊藤旅館ひかり温泉（2018年廃業）。

所在地：虻田郡壮瞥町（胆振支庁）。

86弁景温泉：30年前3軒⇒0軒、**開湯**：明治12年（1879年）に作間温泉として開湯されて昭和の戦後に旅館施設が（開湯143年）、弱アルカリ性高温の単純泉。

旅館・ホテル：宿泊施設は消滅。

廃業した旅館・ホテル：オロフレホテル（廃業年不明）、弁景温泉ヘルスセンター（廃業年不明）、弁景温泉ホテル（1978年廃業）。

日帰り温泉：久保内ふれあいセンター。

所在地：虻田郡壮瞥町（胆振支庁）。

87白老温泉：30年前3軒⇒1軒、**開湯**：昭和44年（1969年）に白老町が温泉施設としてポロト温泉を開業（開湯53年）、アルカリ性高温の硫黄泉。

旅館・ホテル：ピレカレラホテル（旧白老温泉ホテル跡地）。

廃業した旅館・ホテル：ヴィラスピカしらおい（旧しらおい厚生年金保養ホーム・2009年廃業）、白老温泉ホテル（2012年閉館）、ポロト温泉（2017年閉館）。

所在地：白老郡白老町（胆振支庁）。

88虎杖浜温泉：30年前27軒⇒15軒、**開湯**：昭和34年（1959年）に地下670mをボーリングして開発、昭和39年（1964年）に虎杖浜臨海温泉として営業開始（開湯58年）、中性中温の硫黄泉・アルカリ性高温の食塩泉。

旅館・ホテル：湯元ほくよう（旧ホテル北陽）、湯元虎杖荘、虎杖浜温泉ホテル、富士の湯温泉ホテル、ホテルいずみ、温泉ホテルオーシャン、温泉ホテル和秀、ホテル王将、館ローラン、アヨロ温泉旅館、海の別邸ふる川、旅館花翔苑。

廃業した旅館・ホテル：ホテル本陣（廃業年不明）、ホテル山海荘（廃業年不明）、福寿荘（廃業年不明）、望洋閣（廃業年不明）、旅荘華雅（廃業年不明）、はまなす荘（廃業年不明）、白老温泉ホテル（廃業年不明）、町営白泉閣（1997年廃業）。

日帰り温泉：家族風呂花の湯、復元復活サロンひかり。

所在地：白老郡白老町（胆振支庁）。

89 カルロス温泉：30年前8軒⇒4軒、**開湯**：明治32年（1899年）に日野久橘によって湯治宿が建てられ開業（開湯123年）、中性高温の単純泉。

旅館・ホテル：かめやカルロス館、鈴木旅館、湯元オロフレ荘、森の宿山静館。

廃業した旅館・ホテル：久住旅館（廃業年不明）、清水旅館（廃業年不明）、梅の家（廃業年不明）、ホテル岩井（2019年閉館）。

所在地：登別市（胆振支庁）。

90 登別温泉：30年前30軒⇒20軒、**開湯**：江戸時代末期の安政5年（1858年）に滝本金蔵が旅館を開業（開湯164年）、北海道三大温泉地、酸性高温の硫酸塩泉。

登別温泉遠景

主な旅館・ホテル：第一滝本館、滝乃家（旧観光ホテル滝乃家）・別館玉乃湯、登別万世閣、登別ビューホテル（旧登別日活ホテル）、滝本イン（旧滝見館）、登別石水亭（旧登別プリンスホテル石水亭）、登別グランドホテル、花鐘亭はなや（旧旅館花屋）、登別パークホテル雅亭、ホテルゆもと登別（旧ホテルロイヤルヤコ

登別温泉源泉

ウ）、御やど清水屋（旧旅館清水）、望楼ノグチ登別（旧プリンスホテル紅葉館）、ホテルまほろば、旅亭花ゆう。

廃業した旅館・ホテル：旅館金竜（廃業年不明）、登別ガーデン（廃

業年不明)、徳間ビューホテル(廃業年不明)、旅館山水(廃業年不明)、旅館すずらん(廃業年不明)、八子旅館(廃業年不明)、和光園ホテル(廃業年不明)、光楽(廃業年不明)、登別ときわ荘(廃業年不明)、玉川旅館大入屋(廃業年不明)、旅館山紅葉(廃業年不明)、秋吉ホテル(旧秋吉旅館・2001年閉館)、湯元登別パラダイス(2005年頃廃業)、温泉オーベルジュゆふらん(旧JR青嵐荘・2008年廃業)。

共同浴場：登別温泉夢元さぎり湯(目の湯)。

所在地：登別市(胆振支庁)。

91 新登別(上登別)温泉：30年前3軒⇒0軒、**開湯**：登別温泉と同じく、安政5年(1858年)に湯治宿が開業と伝承、昭和47年(1972年)に大湯沼から動力引湯して再開湯。

旅館・ホテル：消滅

廃業した旅館・ホテル：旅館山紅葉(廃業年不明)、温泉旅館いわた(2009年廃業)、新登別温泉荘(旧民宿四季・2015年廃業)、旅館四季(2020年閉館)。

所在地：登別市(胆振支庁)。

92 美利河温泉：30年前2軒⇒1軒、**開湯**：明治43年(1910年)に発見されて大正8年(1919年)に開業(開湯103年)、弱アルカリ性中温の食塩泉。

旅館・ホテル：美利河温泉クワプラザピリカ。

廃業した旅館・ホテル：奥美利河温泉山の家(2015年閉館)。

所在地：瀬棚郡今金町(檜山支庁)。

93 おとべ(乙部)温泉：30年前2軒⇒2軒、**開湯**：昭和56年(1981年)に乙部町が館浦温泉・烏山温泉・緑町温泉の3本をボーリングして開発(開湯41年)、中性高温の食塩泉。

旅館・ホテル：光林荘、ACCルネッサンスセルラー。

日帰り温泉：おとべ温泉いこいの湯、ゆりの里活性化センター。

所在地：爾志郡乙部町(檜山支庁)。

94 長万部温泉：30年前10軒⇒7軒、**開湯**：昭和30年(1955年)に天然ガスの試掘成中に温泉が湧出し、駅前附近に温泉旅館が続々と開業(開湯67年)、アルカリ性高温の食塩泉。

旅館・ホテル：ホテルあづま、ホテル四国屋、昇月旅館、大成館、長万部温泉ホテル、丸金旅館、温泉旅館もりかわ。

廃業した旅館・ホテル：美音旅館(廃業年不明)、木村旅館(廃業年不明)、よしの旅館(廃業年不明)、福屋旅館(廃業年不明)。

所在地：山越郡長万部町（渡島支庁）。

95上の湯温泉：30年前2軒⇒2軒、**開湯**：大正15年（1926年）に川口福太郎が温泉を発見し昭和2年（1927年）に開業（開湯95年）、弱アルカリ性・中性高温の食塩泉と炭酸水素塩泉。

　旅館・ホテル：温泉旅館銀婚湯、上の湯温泉ニューパシフィックホテル清龍園。

　所在地：二海郡八雲町（渡島支庁）。

96八雲温泉：30年前2軒⇒2軒、**開湯**：昭和49年（1974年）に八雲町が新たな温泉を掘削して昭和60年（1985年）におぼこ荘を開業（開湯37年）、中性高温の炭酸水素塩泉。

　旅館・ホテル：八雲温泉おぼこ荘（旧町営）、小牧荘（旧町営）。

　廃業した旅館・ホテル：鉛川温泉旅館（1969年廃業）。

　所在地：二海郡八雲町（渡島支庁）。

97濁川温泉：30年前7軒⇒5軒、**開湯**：文化4年（1807年）に湯治場が開業して小さな旅館が点在（213年）、弱アルカリ性高温の硫酸塩泉。

　旅館・ホテル：新栄館、中央荘、温泉旅館天湯、美完成、カルデラ濁川温泉保養センターふれあいの里。

　廃業した旅館・ホテル：第一旅館（廃業年不明）、滝ノ湯（廃業年不明）、温泉旅館五色ノ湯（2014年廃業）。

　日帰り温泉：元湯神泉館にこりの湯（旅館から移行）。

　所在地：茅部郡森町（渡島支庁）。

98鹿部温泉：30年前8軒⇒4軒、**開湯**：明治14年（1881年）に伊藤源五郎が温泉宿を開業（開湯141年）、間歇泉が有名、中性高温の硫酸塩泉。

　旅館・ホテル：温泉旅館鹿の湯、温泉旅館吉の湯、旅館倉敷、温泉旅館こにし。

　廃業した旅館・ホテル：鹿部観光ホテル（廃業年不明）、ホテルニュー鹿部（廃業年不明）、ビューロッジ鹿部（廃業年不明）、鹿部ロイヤルホテル（2022年閉館）。

　共同浴場：亀乃湯。

　所在地：茅部郡鹿部町（渡島支庁）。

99ニヤマ（仁山）温泉：30年前1軒⇒1軒、**開湯**：ニヤマ高原スキー場に隣接するホテルが平成7年（1995年）に温泉宿を改築（開湯27年）、弱アルカリ性中温の単純泉。

　旅館・ホテル：湯元ニヤマ温泉ホテルNKヴィラ。

　日帰り温泉：ニヤマ温泉あじさいの湯。

所在地：亀田郡七飯町（渡島支庁）。

100東大沼温泉：30年前4軒⇒1軒、**開湯**：江戸時代末期の安政年間（1855年頃）に発見され、明治9年（1876年）に留の湯が開業（144年）、中性中温の単純泉。

旅館・ホテル：函館大沼鶴雅リゾートエプイ（旧ホテル白樺）。

廃業した旅館・ホテル：町営青少年センターユートピア大沼（旧国民宿舎ユートピア大沼（2013年閉館）、流山温泉（2013年廃業）、旅館留の湯（2019年閉館）。

所在地：亀田郡七飯町（渡島支庁）。

101西大沼温泉：30年前5軒⇒1軒、**開湯**：昭和初期に発見されて昭和16年（1941年）に再ボーリングして旅館山水が開業（開湯81年）、アルカリ性中温の単純泉。

旅館・ホテル：函館大沼プリンスホテル。

廃業した旅館・ホテル：温泉旅館山水（廃業年不明）、ホテルニットー大沼（1998年廃業）、大沼保養センター（2005年閉館）、青少年センターユートピア大沼（旧国民宿舎ユートピア大沼・2012年閉鎖）。

所在地：亀田郡七飯町（渡島支庁）。

102函館駅前温泉：30年前0軒⇒7軒、**開湯**：平成17年（2005年）にルートイングループが函館駅前に開業（開湯17年）、その後に続々と温泉ホテルが開業、中性中温の強食塩泉。

旅館・ホテル：函館天然温泉ルートイングランディア函館駅前、センチュリーマリーナ函館、ラビスタ函館ベイ、ホテルWBF函館海神の湯、天然温泉ホテルパコ函館、東急ステイ函館朝市灯の宿、ラ・ジェント・ステイ函館駅前。

所在地：函館市（渡島支庁）。

103湯の川温泉：30年前40軒⇒21軒、**開湯**：室町時代の享徳2年（1453年）に開湯したされ、北海道三大温泉地に発展（開湯569年）、中性高温の食塩泉（代表的な泉質）。

主な旅館・ホテル：割烹旅館若松、大黒屋旅館、花びしホテル、竹葉新葉亭、湯の浜ホテル、イマジンホテル＆リゾート函館（旧湯の川グランドホテル）、旅館一乃松、湯の川観光ホテル祥苑、湯の川プリンスホテル渚亭、ホテル雨宮館（旧湯の川タワーホテル）、ホテルかもめ館（旧アーバンホテル勝良）、KKRはこだて（旧KKR湯川芳明荘）、笑函館屋（旧丸仙旅館）、ホテルテトラ湯の川温泉（旧ホテル湯の川）、湯元啄木亭、HAKODATE海峡の風、望楼NOGUGHI函

館(旧湯元啄木亭別亭飛天)、ホテル万惣、平成館しおさい亭、平成館しおさい亭別館花月、平成館海羊亭、湯元漁火館、ホテル湯元河畔亭、湯の川リバーサイドホテル、海と灯/ヒューイットリゾート。

廃業した旅館・ホテル：大和旅館(廃業年不明)、名月園パシフィックホテル(廃業年不明)、旭館(廃業年不明)、千登勢(廃業年不明)、旅館松の寮(廃業年不明)、ホテル御園(廃業年不明)、旅館高砂(廃業年不明)、太陽館(廃業年不明)、常盤木(廃業年不明)、大分軒ホテル別館(廃業年不明)、ふじ万(廃業年不明)、松月旅館(廃業年不明)、仙波旅館(廃業年不明)、玉久旅館(廃業年不明)、旅館みどり(廃業年不明)、おぐら旅館(廃業年不明)、大湯旅館(廃業年不明)、大滝温泉(廃業年不明)、赤湯温泉旅館(廃業年不明)、さかえ(廃業年不明)、守平旅館(廃業年不明)、明石旅館(廃業年不明)、ビジネスホテルすけ川(廃業年不明)、辰己旅館(廃業年不明)、まつゑ温泉旅館(廃業年不明)、松倉旅館(廃業年不明)、温泉旅館都(廃業年不明)、湯川めんどり亭(廃業年不明)、温泉旅館弥生荘(廃業年不明)、大潮(廃業年不明)、林長館(廃業年不明)、つかだ旅館(廃業年不明)、湯の川荘(廃業年不明)、かもめ荘(廃業年不明)、ゆうりぞうと湯川道南荘(廃業年不明)、五稜荘(廃業年不明)、湯の川プリンスホテル別館松風苑(廃業年不明)、鱗旅館(2009年焼失)、ホテル入川(旧ニコニコ旅館・2014年廃業)、ホテル新松(2020年廃業)。

共同浴場：山内温泉長生湯、永寿温泉永寿湯、大盛湯。

所在地：函館市(渡島支庁)。

104谷地頭温泉：30年前3軒⇒0軒、**開湯**：明治15年(1882年)に勝田銀蔵によって温泉が掘削された開業(開湯140年)、中性高温の食塩泉。

旅館・ホテル：消滅。

廃業した旅館・ホテル：蓬莱温泉センター(1998年頃廃業)、厚生年金ハートピア函館(旧函館かんざん荘・2008年閉館)、料理旅館池の端(2018年破綻)。

日帰り温泉：谷地頭温泉(市営→民営)。

所在地：函館市(渡島支庁)。

105大船上の湯温泉：30年前1軒⇒1軒、**開湯**：江戸時代の天保10年(1839年)頃に湯小屋が建てられるが衰退し、明治10年(1877年)に再掘削(開湯149年)、中性高温の食塩泉。

旅館・ホテル：ホテル函館ひろめ荘(旧南かやべ健康村ホテルひろ

め荘)。

日帰り温泉：大船上の湯温泉南かやべ保養センター、大船下の湯温泉。

所在地：函館市(旧南茅部町・渡島支庁)。

106川汲温泉：30年前2軒⇒2軒、開湯：鶴の湯として寛保年間(1741~43年)に開湯、文政12年(1829年)に湯治場が開業(開湯193年)、アルカリ性高温の単純泉。

旅館・ホテル：川汲温泉ホテル、明林荘。

所在地：函館市(旧南茅部町・渡島支庁)。

川汲温泉明林荘

107恵山岬温泉：30年前2軒⇒1軒、開湯：平成9年(1997年)に旧椴法華村が岬に因みケイプの名でホテル恵風を開業(開湯25年)、中性高温の炭酸水素塩泉。

旅館・ホテル：ホテル恵風。

廃業した旅館・ホテル：水無温泉曙荘(旧日輪荘・廃業年不明)。

日帰り温泉：函館市恵山福祉センター(恵山市民センター)。

野湯：露天風呂(干潮時のみ)。

所在地：函館市(旧椴法華村・渡島支庁)。

108恵山温泉：30年前3軒⇒2軒、開湯：昭和7年(1932年)に明治時代に発見された温泉を引湯して恵山温泉旅館が開業(開湯90年)、酸性中温の硫酸塩泉。

旅館・ホテル：恵山温泉旅館(旧原田温泉旅館)、石田温泉旅館。

廃業した旅館・ホテル：恵山モンテローザ(旧恵山高原ホテル・1999年破綻)。

日帰り温泉：恵山町温泉恵山市民センター。

所在地：函館市(旧恵山町・渡島支庁)。

109知内温泉：30年前2軒⇒1軒、開湯：鎌倉時代の元久2年(1205年)、荒木大学が砂金の採取時に発見して宝治元年(1247年)に開湯、北海道最古の温泉地(開湯775年)、中性高温の炭酸水素塩泉。

旅館・ホテル：知内温泉旅館。

廃業した旅館・ホテル：湯の里温泉和楽園(廃業年不明)、姫の湯温泉旅館(廃業年不明)。

所在地：上磯郡知内町(渡島支庁)。

※温泉地で廃業した旅館やホテルに関しては、廃業、閉館、破綻、焼失、休業に分類しているが、「廃業」は既に存在しない旅館やホテル、「閉館」

は公共の施設などが廃業した場合と民営の旅館やホテルが再建の余地を残した場合、「破綻」は廃業の要因が破綻の場合、「焼失」は廃業の火災が原因で再建されなかった場合、「休業」は廃業まで至っていない場合である。破綻した温泉ホテルの場合は、経営者が変わって再建されたケースも多い。廃墟となる前に改善することが重要で、納税などの状況から市町村はある程度の経営状態を把握していると思うので、破綻する前に譲渡先を斡旋することも市町村の役割と思う。

2) 道の駅の温泉

　道の駅のは平成 5 年(1993年)、国土交通省が全国103ヶ所に道路利用者の至便性を向上させるために認定した施設である。北海道では令和 4 年(2022年)の現在、127ヶ所の道の駅があって、その中で19ヶ所の道の駅が温泉施設を併設している。

01ピンネシリ温泉ホテル望岳荘、平成 4 年(1992年)に第 3 セクターが
　開業(開湯30年)、平成 8 年(1996年)に向い道の駅が新築、中性の冷
　鉱泉。
　所在地：枝幸郡中頓別町(宗谷支庁)。

02初山別温泉岬センター、平成13年(2001年)に初山別村が開設(開湯
　21年)、平成19年(2007年)に道の駅を増築、弱アルカリ性の冷鉱泉。
　所在地：苫前郡初山別村(留萌支庁)。

03はぼろ温泉サンセットプラザ、平成 6 年(1994年)に第 3 セクターが
　開業し平成10年(1998年)に道の駅に登録(開湯28年)、弱アルカリ性
　高温の単純泉。
　所在地：苫前郡羽幌町(留萌支庁)。

04とままえ温泉ふわっと、平成12年(2000年)に第 3 セクターが開業し
　平成12年(2000年)に道の駅に登録(開湯22年)、中性高温の強食塩泉。
　所在地：苫前郡苫前町(留萌支庁)。

05びぶか温泉林業保養センター、昭和55年(1980年)に美深町が開業し
　道の駅が平成 5 年(1993年)を開設(開湯29年)、弱アルカリ性の冷鉱
　泉。
　所在地：中川郡美深町(上川支庁)。

06せいわ温泉ルオント、平成 6 年(1994年)に幌加内町が温泉施設を開
　業(開湯28年)、平成10年(1998年)に道の駅に登録、中性の冷鉱泉
　所在地：雨竜郡幌加内町(上川支庁)。

07かみゆうべつ温泉チューリップの湯、平成14年(2002年)に既存の道の駅に併設して開設(開湯20年)、弱アルカリ性中温の重層泉。
所在地：紋別郡湧別町(オホーツク支庁)。

08清里温泉パパスランド、平成19年(2007年)に登録された道の駅さっつるに併設して開設(開湯30年)、アルカリ性高温の芒硝泉。
所在地：斜里郡清里町(オホーツク支庁)。

09阿寒丹頂の里温泉サークルハウス赤いベレー、昭和63年(1988年)に阿寒町が開業(開湯34年)、平成28年(2018年)に道の駅が移転、アルカリ性高温の食塩泉。
所在地：釧路市(旧阿寒町釧路支庁)

10秩父別温泉ちっぷゆう＆ゆ、平成2年(1990年)に秩父別町が開業(開湯32年)、平成17年(2005年)に道の駅に登録、中性高温の食塩泉。
所在地：雨竜郡秩父別町(空知支庁)。

11北竜温泉サンフラワーパークホテル、平成4年(1992年)に開業し平成7年(1995年)に道の駅に登録(開湯30年)、弱アルカリ性高温の食塩泉。
所在地：雨竜郡北竜町(空知支庁)。

12うたしないチロルの湯、平成10年(1998年)に歌志内市が道の駅の開設と合わせて開業(開湯24年)、中性低温の炭酸水素塩泉。
所在地：歌志内市(空知支庁)。

13三笠天然温泉太古の湯・旅籠、平成20年(2008年)に道の駅裏に地元の民間企業が開業(開湯14年)、弱アルカリ性低温の食塩泉。
所在地：三笠市(空知支庁)。

14しほろ温泉プラザ緑風、平成13年(2001年)に士幌町が開業(開湯21年)、平成18年(2006)に道の駅に登録、弱アルカリ性高温の弱食塩泉。
所在地：河東郡士幌町(十勝支庁)。

15ガーデンスパ十勝川温泉、平成28年(2016年)に音更町が開業(開湯6年)、令和2年(2020年)に道の駅に登録、弱アルカリ性高温の炭酸水素塩泉。
所在地：河東郡音更町(十勝支庁)。

ガーデンスパ十勝川温泉

16ナウマン温泉ホテルアルコ235、道の駅忠類が登録された平成５年（1993年）の翌年に忠類村が開業（開湯28年）、アルカリ性低温の単純泉。

所在地：中川郡幕別町（旧忠類村・十勝支庁）。

17みついし昆布温泉蔵三、平成７年（1995年）に道の駅が開設、平成17年（2005年）に宿泊施設を併設（開湯19年）、冷鉱泉。

所在地：日高郡新ひだか町（旧三石町・日高支庁）。

18むかわ温泉四季の館、平成９年（1997年）にむかわ町が開業（開湯25年）、平成15年（2003年）に道の駅に登録、弱アルカリ性低温の強食塩泉。

所在地：勇払郡むかわ町（胆振支庁）。

19しんしのつ温泉たっぷり湯、平成９年（1997年）に村が開業（開湯25年）、平成22年（2010年）に道の駅を併設、弱アルカリ性高温の強食塩泉。

所在地：石狩郡郡新篠津村（石狩支庁）。

※道の駅摩周温泉は足湯だけなので除外している。

3）大型リゾートホテルの温泉

　北海道を代表する大規模リゾート施設は、日本を代表するスキー場の運営を中心としている。ザ・ウィンザーホテル洞爺リゾート＆スパにもペアリフト１基のウィンザースノービレッジがある。リゾート施設の中には経営母体の会社が破綻して移譲されたケースが多い。そのリゾートに温泉施設があるとは限らず、星野リゾートトマムには自家用の温泉はない。

01天然温泉スパ＆ホテルリゾートふらのラテール、平成２年（1999年）にリゾートホテルとして開業（開湯23年）、弱アルカリ性高温の食塩泉。

所在地：富良野市（上川支庁）。

02ザ・ウィンザーホテル洞爺リゾート＆スパ（旧ホテルエイペックス洞爺）、平成５年（1993年）に開業するが平成10年（1998年）に破産し平成14年（2002）に営業再開（開湯29年）、弱アルカリ性高温の硫酸塩泉。平成20年（2008年）に北海道洞爺湖サミットが開催。

所在地：虻田郡洞爺湖町（旧洞爺村・胆振支庁）。

03キロロ温泉森の湯、平成８年（1996年）に開業した超大型リゾートのホテルピノに（開湯26年）、令和４年（2022年）に全館を休館してリュ

ニーアル工事に着手、中性高温の食塩鉄泉。

所在地：余市郡赤井川村(後志支庁)。

04ニセコ花園温泉パークハイアットニセコHANAZONO、令和3年(2021年)に外資系ホテルチェーンが開業(開湯1年)、中性中温の硫酸塩泉。

所在地：虻田郡倶知安町(後志支庁)。

05ルスツ温泉ことぶきの湯、平成20年(2008年)にルスツリゾートが温泉を掘削して開設(開湯14年)、中性高温の炭酸水素塩泉。

所在地：虻田郡留寿都村(後志支庁)。

4) 1軒宿の温泉旅館と温泉ホテル

　1軒宿の温泉旅館と温泉ホテルに関しては、山間部や海岸部の秘湯の宿、市内や市郊外の温泉ホテルを対象に記載したが、札幌市や旭川市など主要都市には記載漏れがあると思われるので、ご容赦願いたい。また、新規に開業した温泉施設、コロナウイルスの影響で閉館された温泉旅館や温泉ホテルも存在すると考える。

01枝幸温泉ホテルニュー幸林(旧幸林荘)、平成10年(1998年)に第3セクターが既存の施設に温泉を掘削(開湯24年)、アルカリ性高温の石膏泉。

所在地：枝幸郡枝幸町(宗谷支庁)。

02えんべつ旭温泉、昭和54年(1979年)に遠別町が開業し平成17年(2005年)に民間企業に移譲され改築(開湯43年)。弱アルカリ性の冷鉱泉。

所在地：天塩郡遠別町(留萌支庁)。

03神居岩温泉ホテル神居岩、明治13年(1880年)に開湯されて、更に昭和34年(1957年)に民間企業が開業(開湯142年)、弱アルカリ性の硫黄冷鉱泉。

所在地：留萌市(留萌支庁)。

04ぽんぴら温泉、昭和48年(1973年)に中川町が開業して平成5年(1993年)にリニューアル(開湯49年)、弱アルカリ性の冷鉱泉。

所在地：中川郡中川町(上川支庁)。

05天塩川温泉住民保養センター、大正末期に常磐鉱泉として開湯されて平成元年(1989年)に音威子府村が開業(開湯22年)、中性の冷鉱泉。

所在地：中川郡音威子府村(上川支庁)。

06五味温泉住民保養センター、明治38年(1905年)に発見されて湯小屋を開設、昭和49年(1974年)に町が開業(開湯48年)、弱酸性の冷鉱泉。

所在地：上川郡下川町（上川支庁）。

07士別市日向保養林業センター日向温泉（旧士別林業センター）、昭和52年（1977年）にスキー場に併設して開業（開湯49年）、弱アルカリ性の冷鉱泉。

所在地：士別市（上川支庁）。

08ホテル美し乃湯温泉、平成16年（2004年）に国道40号線沿いに開業（開湯18年）、アルカリ性高温の食塩泉。

所在地：士別市（上川支庁）。

09剣淵温泉レークサイド桜岡、平成6年（1994年）に剣淵町が開設した旅行村に開業（開湯28年）、弱アルカリ性低温の単純泉。

所在地：上川郡剣淵町（上川支庁）。

10協和温泉湯元旅館、大正2年（1913年）に発見されて昭和40年（1965年）に開業（開湯57年）、弱酸性の冷鉱泉（自然湧出）。

所在地：上川郡愛別町（上川支庁）。

11大雪高原温泉大雪高原山荘、昭和34年（1959年）に大雪高原ヒュッテを開設した後に大雪高原ホテルが開業（開湯63年）、酸性高温の硫黄泉。

所在地：上川郡上川町（上川支庁）。

12森のゆホテル花神楽、平成12年（2000年）にリゾート会社が東神楽森林公園に開業（開湯22年）、弱アルカリ性低温の単純泉。

所在地：上川郡東神楽町（上川支庁）。

13フロンティアフラヌイ温泉、平成2年（1990年）に地元の開発会社が開業（開湯32年）、中性中温の炭酸水素塩泉。

所在地：空知郡上富良野町（上川支庁）。

14吹上温泉保養センター白銀荘、明治末期頃に湯小屋が建てられ昭和7年（1932年）に正式に開業（開湯約120年）。酸性高温の硫酸塩泉。

所在地：空知郡上富良野町（上川支庁）。

15湯の沢温泉森の四季（旧農業者センター）、昭和55年（1980年）に村が開業し平成24年（2012年）に民営化し改修（開湯42年）、中性の冷鉱泉。

所在地：勇払郡占冠村（上川支庁）。

16オホーツク温泉ホテル日の出岬、平成10年（1988年）に雄武町の第3セクターによって開業（開湯34年）、弱アルカリ性高温の強食塩泉。

所在地：紋別郡雄武町（オホーツク支庁）。

17紋別温泉紋別プリンスホテル、昭和63年（1988年）に地元企業が温泉ホテルを開業（開湯34年）、アルカリ性の冷鉱泉（重曹泉）。

所在地：紋別市（オホーツク支庁）。

18瀬戸瀬温泉ホテル、昭和31年（1956年）に民間人が掘削によって自噴する源泉を得て開業（開湯66年）、アルカリ性高温の単純泉。

所在地：紋別郡遠軽町（オホーツク支庁）。

19北大雪温泉、昭和60年（1985年）に白滝村が温泉をボーリングして開業（開湯37年）、弱アルカリ性中温の単純泉。

所在地：紋別郡遠軽町（旧白滝村・オホーツク支庁）。

20生田原温泉ホテルノースキング、平成３年（1991年）に生田原町の第３セクターが開業（開湯31年）、アルカリ性の冷鉱泉。

所在地：紋別郡遠軽町（旧生田原町・オホーツク支庁）。

21北見温泉旅人の湯ルートイン北見大通西、平成18年（2006年）に北見市役所前に開業（開湯18年）、アルカリ性の冷鉱泉。

所在地：北見市（オホーツク支庁）。

22小清水温泉ふれあいセンター、平成５年（1993年）に小清水町がスポーツ公園に開業（開湯29年）、アルカリ性高温の単純泉。

所在地：斜里郡小清水町（オホーツク支庁）。

23岩尾別温泉ホテル地の涯、昭和38年（1963年）に羅臼岳の登山口に開業（開湯59年）、中性中温の炭酸水素塩泉。

所在地：斜里郡斜里町（オホーツク支庁）。

24美幌温泉びほろ後楽園、昭和56年（1981年）に農家の畑に温泉が湧出し翌々年に開業（開湯41年）、弱アルカリ性中温の単純泉。

所在地：網走郡美幌町（オホーツク支庁）。

25峠の湯びほろ、平成８年（1996年）に美幌町が国道243号線沿いに日帰り温泉施設を開業（開湯26年）、弱アルカリ性高温の単純泉。

所在地：網走郡美幌町（オホーツク支庁）。

26奥屈斜路温泉ランプの宿森つべつ、平成５年（1993年）に津別温泉ホテルフォーレスターとして開業（開湯29年）、アルカリ性高温の単純泉。

所在地：網走郡津別町（オホーツク支庁）。

27別海まきばの湯しまぶくろう（旧道の宿温泉しまぶくろう）、平成16年（2004年）に民間企業が開業（開湯18年）、弱アルカリ性高温の食塩泉。

所在地：野付郡別海町（根室支庁）。

28三香温泉、昭和55年（1980年）に民宿温泉として屈斜路湖に開業（開湯42年）、アルカリ性高温の単純泉。

所在地：川上郡弟子屈町（釧路支庁）。

29屈斜路温泉屈斜路プリンスホテル、平成12年（2000年）にリゾートホテルとして西武グループが開業（開湯22年）、中性高温の芒硝泉。

所在地：川上郡弟子屈町（釧路支庁）。

30オーロラ温泉、平成9年（1997年）に私設森林公園のオーロラファームビレッジにモール泉を得て開業（開湯29年）、アルカリ性高温の単純泉。

所在地：川上郡標茶町（釧路支庁）。

31下オソベツ温泉味幸園、昭和54年（1979年）にオソツベツ原野に開業（開湯43年）、アルカリ性高温の単純泉。

所在地：川上郡標茶町（釧路支庁）。

32山花温泉リフレ（釧路市農村都市交流センター）、平成8年（1996年）に釧路市が山花公園に開業（開湯26年）、中性中温の強食塩泉。

所在地：釧路市（釧路支庁）。

33ホテル＆スパリゾート釧路川幣舞の湯、平成19年（2007年）に共立メンテナンスが釧路市内に開業（開湯19年）、弱アルカリ性低温の食塩泉。

所在地：釧路市（釧路支庁）。

34しろしん温泉ほたる館、平成18年（2006年）に民間が開設したホテルを沼田町が改築して開業（開湯18年）、中性の冷鉱泉。

所在地：雨竜郡沼田町（空知支庁）。

35新十津川町温泉グリーンパークしんとつかわ、昭和63年（1988年）に民間企業が開業（開湯34年）、弱アルカリ性低温の単純泉。

所在地：樺戸郡新十津川町（空知支庁）。

36イルムの湯アグリ工房まあぶ本館、平成9年（1997年）に深川市が体験型の農業公園として開業（開湯25年）、弱アルカリ性の冷鉱泉。

所在地：滝川市（空知支庁）。

37えべおつ温泉旅館、大正初期に冷鉱泉が発見されて昭和57年（1982年）にボーリングで温泉を掘削（開湯40年）、弱アルカリ性中温の単純泉。

所在地：滝川市（空知支庁）。

38浦臼温泉町営自然休養村センター、昭和51年（1976年）に開業、平成3年（1991年）に日帰り温泉施設が附帯（開湯31年）、弱アルカリ性低温の単純泉。

所在地：樺戸郡浦臼町（空知支庁）。

39上砂川岳温泉パンケの湯、昭和46年(1971年)に上砂川町が上砂川岳国民保養地内に開業(開湯51年)、中性の冷鉱泉。
　　所在地：空知郡上砂川町(空知支庁)。

40湯の元温泉旅館、昭和33年(1957年)に桂沢湖手前のスキー場近くに農家が開業(開湯65年)、弱アルカリ性に近い中性の硫黄冷鉱泉。
　　所在地：三笠市(空知支庁)。

41毛陽温泉スパ・イン・メイプルロッジ、平成6年(1994年)にログハウス風の温泉ホテルを民間が開業(開湯28年)、アルカル性の冷鉱泉。
　　所在地：岩見沢市(空知支庁)。

42北村温泉ホテル(旧村営北村保養センター)、昭和59年(1984年)に開業で昭和62年(1989年)に民間へ移譲(開湯38年)、中性高温の食塩泉。
　　所在地：岩見沢市(旧北村・空知支庁)。

43栗山温泉ホテルパラダイスヒルズ、昭和64年(1989年)に栗山町が冷鉱泉を掘削して開業(開湯28年)、弱アルカリ性の冷鉱泉。
　　所在地：夕張郡栗山町(空知支庁)。

44ながぬま温泉、昭和62年(1987年)に長沼町が温泉を掘削して開業、第3セクターが運営(開湯35年)、弱アルカリ性高温の強食塩泉。
　　所在地：夕張郡長沼町(空知支庁)。

45なんぽろ温泉ハート＆ハート、平成3年(1991)に南幌町が開業し第3セクターに移譲(開湯31年)、中性高温の強食塩泉。
　　所在地：空知郡南幌町(空知支庁)。

46芽登温泉ホテル、明治37年(1904年)に民間人が美里別温泉を開業(開湯118年)、その後に芽登温泉と改称、アルカリ性高温の硫黄泉。
　　所在地：足寄郡足寄町(十勝支庁)。

47然別峡かんの温泉、大正2年(1913年)に本郷兵吉が温泉宿を開業(開湯109年)、多数の源泉と8つの泉質が特徴、弱アルカリ性高温の食塩泉。
　　所在地：河東郡鹿追町(十勝支庁)。

48筒井温泉十勝川国際ホテル筒井、昭和27年(1952年)の開業であるが令和3年(2021年)に破産して再建途中(開湯70年)。
　　所在地：河東郡音更町(十勝支庁)。

49天然温泉ホテル風乃舞音更(旧ホテルサムソン)、平成16年(2004年)に建設会社が改築して開業(開湯18年)、中性温泉の重層泉。
　　所在地：河東郡音更町(十勝支庁)。

50トムラウシ温泉東大雪荘、昭和40年(1965年)に新得町が町民保養所として開業(開湯57年)、弱アルカリ性高温の硫黄泉。
　　所在地：上川郡新得町(十勝支庁)。

51オソウシ温泉鹿乃湯荘、明治末期に発見されて昭和53年(1978年)に現旅館が開業(開湯44年)。アルカリ性低温の硫黄泉。
　　所在地：上川郡新得町(十勝支庁)。

52くったり温泉レイクイン(旧トムラ登山学校レイクイン)、平成３年(1991年)に開業(開湯31年)、アルカリ性低温の弱食塩泉。
　　所在地：上川郡新得町(十勝支庁)。

53十勝新得温泉ホテル和火(旧新得温泉ホテル)、明治35年(1902年)に開湯するが廃業、昭和45年(1970年)に再建(開湯52年)、中性の冷鉱泉。
　　所在地：川上郡新得町(十勝支庁)。

54大樹町晩成温泉、昭和55年(1980年)に大樹町が町営温泉施設として開業(開湯42年)、弱アルカリ性のヨード含有冷鉱泉。
　　所在地：広尾郡大樹町(十勝支庁)。

55びらとり温泉ゆから、昭和53年(1978年)に平取町が温泉施設を開業(開湯44年)、平成26年(2014年)にリニューアル、中性の冷鉱泉。
　　所在地：沙流郡平取町(日高支庁)。

56沙流川温泉町営ひだか高原荘、昭和47年(1972年)に日高町がスキー場に隣接して開業(開湯60年)、アルカリ性の冷鉱泉。
　　所在地：沙流郡日高町(日高支庁)。

57太美温泉ふとみ銘泉万葉の湯、昭和37年(1962年)に開業した温泉を万葉倶楽部が平成３年(1991年)に改修(開湯60年)、弱アルカリの性鉱泉。
　　所在地：石狩郡当別町(石狩支庁)。

58中小屋温泉きくの園、明治38年(1905年)に自然湧出の冷鉱泉を加温して開業(開湯117年)、弱アルカリ性の微硫黄泉。
　　所在地：石狩郡当別町(石狩支庁)。

59山鼻温泉屯田湯旅館、昭和39年(1964年)に温泉銭湯として開業し令和２年(2020年)から無人ホテルに改築(開湯58年)、中性の冷鉱泉。
　　所在地：札幌市中央区(石狩支庁)。

60竹山高原ホテル竹山高原温泉、昭和45年(1970年)に雑化商の女性がボーリング掘削して開業(開湯52年)、アルカリ性低温の単純泉。
　　所在地：北広島市(石狩支庁)。

61松原温泉旅館、明治36年(1903年)に松原清左衛門が開業して昭和54年(1981年)に改築(開湯119年)、アルカリ性中温の重曹泉と食塩泉。
　　所在地：千歳市(石狩支庁)。

62平磯温泉旅館銀鱗荘、昭和14年(1939年)に鰊御殿を移築し料亭旅館を開業、昭和61年(1986年)に温泉を掘削(開湯34年)、中性中温の食塩泉。
　　所在地：小樽市(後志支庁)。

63天然温泉ドーミーインプレミアム小樽、平成21年(2009年)に開業したビジネスホテルに開設(開湯13年)、アルカリ性中温の硫酸塩泉。
　　所在地：小樽市(後志支庁)。

64鶴亀温泉、昭和60年(1985年)に日帰り温泉を開業して平成20年(2008年)から温泉旅館に移行(開湯37年)、アルカリ性高温の食塩泉。
　　所在地：余市郡余市町(後志支庁)。

65ワイス温泉ワイス荘、昭和45年(1970年)に国道5号線沿いに開業した民営の温泉旅館(開湯52年)、アルカリ性高温の食塩泉。
　　所在地：岩内郡共和町(後志支庁)。

66川上温泉、大正5年(1926年)の開業(開湯98年)、現在の建物は商店風の2階建てでレトロな昭和の建築、中性中温の単純泉。
　　所在地：虻田郡京極町(後志支庁)。

67登川温泉寿楽荘、昭和41年(1966年)の開業(開湯56年)、ルスツリゾートのオープン前は留寿都村で唯一の温泉地、中性中温の単純泉。
　　所在地：虻田郡留寿都村(後志支庁)。

68寿都温泉ゆべつの湯、平成7年(1995年)に寿都町が湯別に温泉施設を開業(開湯27年)、弱アルカリ性高温の食塩泉。
　　所在地：寿都郡寿都町(後志支庁)。

69宮内温泉旅館、江戸末期に発見され昭和20年(1945年)に開業した家族経営の旅館(開湯77年)、中性高温の硫酸塩泉。
　　所在地：島牧郡島牧村(後志支庁)。

70千走川(ちはせ川)温泉旅館、明治18年(1885年)に開湯して昭和56年(1981年)に現在の旅館が開業(開湯137年)、中性中温の重曹泉。
　　所在地：島牧郡島牧村(後志支庁)。

71豊浦温泉しおさい、平成12年(2000年)に豊浦町が客船を模した外観の建物を建て開業(開湯22年)、中性の冷鉱泉。
　　所在地：虻田郡豊浦町(胆振支庁)。

72伊達温泉、昭和58年(1883年)に民間企業が鉄筋コンクリート造3階建ての温泉施設を開業(開湯39年)、弱アルカリ性高温の食塩泉。

所在地：伊達市(胆振支庁)。

73天然温泉室蘭プラザホテル、昭和56年(1981年)の開業で平成25年(2013年)の改修時に温泉を客室にも供給(開湯9年)、弱アルカリ性中温の単純泉。

所在地：室蘭市(胆振支庁)。

74天然温泉旅荘いずみヴィラ、平成8年(1996年)に介護事業の会社が開設(開湯26年)、中性高温の炭酸水素塩泉。

所在地：登別市(胆振支庁)。

75鶴の湯温泉、明治35年(1902年)に開湯され平成20年(2008年)に町営から民営となって改築(開湯120年)、弱アルカリ性の冷鉱泉。

所在地：勇払郡安平町(旧早来町・胆振支庁)。

76北桧山温泉ホテルきたひやま、平成7年(1995年)に北檜山町が出資して開業(開湯27年)、中性高温の芒硝泉。

所在地：久遠郡せたな町(旧北檜山町・檜山支庁)。

77俄虫温泉旅館、昭和51年(1976年)に民営の温泉旅館として開業(開湯46年)。弱酸性中温の単純泉。

所在地：檜山郡厚沢部町(檜山支庁)。

78うずら温泉(厚沢部町農業活性化センター)、平成7年(1995年)に厚沢部町が教会風の建物を建て開業(開湯27年)、アルカリ性中温の単純泉。

所在地：檜山郡厚沢部町(檜山支庁)。

79貝取澗温泉あわび山荘(旧町営国民宿舎)、昭和50年(1975年)に大成町が開業するが民間に移行(開湯47年)、中性高温の食塩泉。

所在地：久遠郡せたな町(旧大成町・檜山支庁)。

80二股ラジウム温泉、明治31年(1898年)に嵯峨重良が湯治宿を開設(開湯124年)、中性高温のラドン含有食塩泉。

所在地：山越郡長万部町(渡島支庁)。

81浜松温泉ホテル八雲遊楽亭(旧八雲温泉ホテル光州)、昭和35年(1960年)の開業(開湯62年)、弱アルカリ性高温の食塩泉。

所在地：二海郡八雲町(渡島支庁)。

82見市温泉大塚旅館、慶応年間に発見されて明治元年(1868年)に大塚氏が開業(開湯154年)、中性高温の弱食塩泉。

所在地：二海郡八雲町(旧熊石町・渡島支庁)。

83平田内温泉ひらたない荘(旧町営国民宿舎)、昭和47年(1972年)に熊石町が開業(開湯50年)、中性高温の食塩泉。

　　所在地：二海郡八雲町(旧熊石町・渡島支庁)。

84グリーンピア大沼、昭和55年(1980年)に年金基金で建設されて開業(開湯43年)、改修後の平成8年(1996年)に森町に移譲、中性高温の食塩泉。

　　所在地：茅部郡森町(渡島支庁)。

85ルートイングランディア函館五稜郭、平成20年(2008年)にルートイングループが函館駅前に続き開業(開湯14年)、中性高温の強食塩泉。

　　所在地：函館市(渡島支庁)。

86ホテル・ラジェント・プラザ函館北斗、平成29年(2017年)に新幹線の開通に合わせ函館北斗駅前に開業(開湯9年)、中性高温の食塩泉。

　　所在地：北斗市(渡島支庁)。

87七重浜の湯(旧七重浜温泉スパビーチ)、平成10年(1988年)に上磯町が開業(開湯34年)、その後は民営に移行、弱アルカリ性中温の食塩泉。

　　所在地：北斗市(旧上磯町・渡島支庁)。

88東前温泉しんわの湯ホテル秋田屋、平成11年(1999年)の温泉を掘削した運送会社が開業(開湯23年)、弱アルカリ性高温の単純泉。

　　所在地：北斗市(旧大野町・渡島支庁)。

89きこないビュウ温泉のとや、平成2年(1990年)に津軽海峡の海辺に開業した民営の温泉旅館(開湯32年)、弱アルカリ性中温の食塩泉。

　　所在地：上磯郡木古内町(渡島支庁)。

90温泉旅館矢野、昭和26年(1951年)に開業した旅館が温泉を掘り当てて平成24年(2012年)にリューアル(開湯10年)、中性中温の硫酸塩泉。

　　所在地：松前郡松前町(渡島支庁)。

※温泉ホテルの中で、源泉をタンクローリーで供給している場合は除外している。

5）共同浴場・日帰り温泉施設

　北海道の温泉地の特徴としは、主要な都市に温泉銭湯が多く、日帰り温泉施設も市営、町営、村営と地方自治による開湯が多いようである。

01稚内温泉稚内市健康増進センター童夢、平成9年（1997年）に稚内市が日帰り温泉施設を開業（開湯25年）、弱アルカリ性高温の炭酸水素塩泉。

　　所在地：稚内市（宗谷支庁）。

02稚内副港市場港の湯、平成19年（2007年）に複合施設に開業（開湯15年）、弱アルカリ性の冷鉱泉と高温の強食塩泉の混合泉。

　　所在地：稚内市（宗谷支庁）。

03礼文島温泉、平成20年（2008年）に礼文町が地下1,300mから温泉を掘削し翌年に温泉施設を開業（開湯13年）、弱アルカリ性高温の硫酸塩泉。

　　所在地：礼文郡礼文町（宗谷支庁）。

04利尻富士温泉、平成10年（1998年）に利尻富士町が温泉を掘削して日帰り温泉施設を開業（開湯24年）、弱アルカリ性高温の炭酸水素塩泉。

　　所在地：利尻郡利尻富士町（宗谷支庁）。

05てしお温泉夕映、平成12年（2000年）に天塩町が開業し隣に林業研修センター富士見荘を併設（開湯22年）、中性低温の強食塩泉。

　　所在地：天塩郡天塩町（宗谷支庁）。

06豊富温泉ふれあいセンター、昭和63年（1988年）に豊富町が日帰り温泉施設を開業（開湯34年）、弱アルカリ性高温の食塩泉。

　　所在地：天塩郡豊富町（宗谷支庁）。

07岩尾温泉あったまーる、平成15年（2003年）に増毛町が町唯一の温泉施設として（開湯19年）、弱酸性の冷鉱泉（自然湧出）。

　　所在地：増毛郡増毛町（留萌支庁）。

08丸瀬布温泉やまびこ、平成10年（1998年）に丸瀬布町がいこいの森に開業（開湯24年）、アルカリ性高温の単純泉。

　　所在地：紋別郡遠軽町（旧丸瀬布町・オホーツク支庁）。

09北見湯元のつけ乃湯、平成18年（2006年）に開業した民営の日帰り温泉施設（開湯16年）、弱アルカリ性高温の芒硝泉。

　　所在地：北見市（オホーツク支庁）。

10東藻琴温泉芝桜の湯、平成25年（2013年）に大空町が藻琴山芝桜公園に開業（開湯9年）、弱アルカリ性高温の食塩泉。

所在地：網走郡大空町(旧東藻琴村・オホーツク支庁)。

11勝山温泉ゆっゆ、平成9年(1994年)に置戸町がコテージを併設した日帰り温泉施設を開業(開湯28年)、弱アルカリ性高温の食塩泉。
　　所在地：常呂郡置戸町(オホーツク支庁)。

12訓子府温泉保養センター、平成13年(1991年)に訓子府町が開業(開湯31年)、弱アルカリ性高温の重曹泉。
　　所在地：常呂郡訓子府町(オホーツク支庁)。

13緑の湯、平成11年(1999年)に清里町が日帰り温泉施設として開業(開湯23年)、アルカリ性高温の食塩泉。
　　所在地：斜里郡清里町(オホーツク支庁)。

14ウトロ温泉夕陽台の湯、平成9年(1997年)に斜里町が高台に開業(開湯25年)、弱アルカリ性高温の炭酸水素塩泉。
　　所在地：斜里郡斜里町(オホーツク支庁)。

15野付温泉浜の湯、昭和57年(1982年)に開業した年に1号泉翌年に2号泉を掘削(開湯40年)、一時休業を経て再開、アルカリ性高温の食塩泉。
　　所在地：野付郡別海町(根室支庁)。

16コタン温泉コタン共同浴場、昭和53年(1978年)に開設されアイヌ詞曲舞踊団モシリが運営(開湯44年)、中性高温の重層泉。
　　所在地：川上郡弟子屈町(釧路支庁)。

17川湯温泉川湯公衆浴場、昭和33年(1958年)に温泉街の商店主らが開業(開湯64年)、酸性高温の緑礬泉。
　　所在地：川上郡弟子屈町(釧路支庁)。

川湯温泉川湯共同浴場

18鐺別温泉(摩周温泉)亀乃湯、昭和40年(1965年)に民間によって開業(開湯57年)、弱アルカリ性の単純泉。
　　所在地：川上郡弟子屈町(釧路支庁)。

19霧多布温泉ゆうゆ、平成11年(1999年)に浜中町が霧多布岬の地下2,000mを掘削して冷鉱泉を得て開業(開湯23年)、中性の弱食塩泉。
　　所在地：厚岸郡浜中町(釧路支庁)。

20妹背牛温泉ペペル、平成5年(1993年)に第3セクターが大型温泉施設を開業(開湯29年)、中性高温の食塩泉。

所在地：雨竜郡妹背牛町（空知支庁）。

21たきがわスプリング温泉滝川ふれ愛の里、平成9年（1997年）に滝川市が開業した日帰り温泉施設（開湯29年）、弱アルカリ性中温の食塩泉。

所在地：滝川市（空知支庁）。

22エルム高原温泉ゆったり、平成7年（1995年）に赤平市が開発したリゾートエリアに開業した日帰り温泉施設（開湯27年）、弱アルカリ性の冷鉱泉。

所在地：赤平市（空知支庁）。

23天然温泉岩見沢ゆらら、平成14年（2002年）に介護事業会社が開湯した大型の日帰り温泉施設（開湯20年）、中性中温の食塩泉。

所在地：岩見沢市（空知支庁）。

24浦臼温泉町営温泉保養センター、平成3年（1991年）に浦臼町が自噴する温泉を利用して開業（開湯31年）、弱アルカリ性低温の強食塩泉。

所在地：樺戸郡浦臼町（空知支庁）。

25月形温泉ゆりかご、昭和62年（1987年）に月形町が日帰り温泉施設を開業（開湯35年）、弱アルカリ性高温の食塩泉。

所在地：樺戸郡月形町（空知支庁）。

26上士幌町健康増進センターふれあいプラザ、平成9年（1997年）に上士幌町が日帰り温泉施設を開業（開湯25年）、アルカリ性低温の単純泉。

所在地：河東郡上士幌町（十勝支庁）。

27ローマノ泉・ローマノ福の湯、昭和55年（1980年）に深度1,200mからモール泉をボーリングして温泉に移行（開湯32年）、アルカリ性高温の単純泉。

所在地：帯広市（十勝支庁）。

28天然温泉アサヒ湯、昭和26年（1951年）に開業し平成19年（2007年）に温泉を掘削してリニューアル（開湯19年）、アルカリ性高温の単純泉。

所在地：帯広市（十勝支庁）。

29更別村老人保健福祉センター、平成6年（1994年）に更別村が日帰り温泉施設を開業（開湯33年）、中性の冷鉱泉。

所在地：河西郡更別村（十勝支庁）。

30札内ガーデン温泉、平成元年（1989年）にゴルフ場のクラブハウスとして開業（開湯31年）、その後に別会社に移譲、弱アルカリ性高温の単純泉。

所在地：中川郡幕別町(十勝支庁)。

31うらほろ留真温泉、大正時代の温泉を浦幌町が昭和40年(1965年)にボーリングを行い再興(開湯57年)、アルカリ性低温の単純硫黄泉。
所在地：十勝郡浦幌町(十勝支庁)。

32晩成温泉、昭和55年(1980年)に大樹町が日帰り温泉施設を開業(開湯42年)、弱アルカリ性の冷鉱泉。
所在地：広尾郡大樹町(十勝支庁)。

33静内温泉静内老人福祉センター、昭和52年(1977年)に静内町が温泉保養施として開業(開湯45年)、弱アルカリ性の冷鉱泉。
所在地：日高郡新ひだか町(日高支庁)。

34門別温泉とねっこの湯、平成11年(1999年)に門別町の第3セクターによって開業(開湯23年)、アルカリ性低温の食塩泉。
所在地：沙流郡日高町(旧門別町・日高支庁)。

35樹海温泉はくあ、平成11年(1999年)にむかわ町が樹海ロードに開業(開湯23年)、弱アルカリ性の冷鉱泉。
所在地：勇払郡むかわ町(胆振支庁)。

36しんしのつ温泉アイリス、平成3年(1991年)に新篠津村の第3セクターによってクラブハウスに開業(開湯31年)、中性高温の強食塩泉。
所在地：石狩郡新篠津村(石狩支庁)。

37江別天然温泉湯の花江別殿、平成19年(2007年)に湯の花チェーンが日帰り温泉施設として開業(開湯19年)、中性中温の強食塩泉。
所在地：江別市(石狩支庁)。

38北のたまゆら江別店、平成19年(2007年)に北のたまゆらチェーンが日帰り温泉施設として開業(開湯19年)、弱アルカリ性低温の食塩泉。
所在地：江別市(石狩支庁)。

39浜益温泉浜益保養センター、昭和63年(1988年)浜益村が開業し第3セクターが運営(開湯34年)、弱アルカリ性中温の硫黄泉。
所在地：石狩市(旧浜益村・石狩支庁)。

40石狩温泉番屋の湯、平成7年(1995年)に石狩市が地下100mから太古の化石海水を掘削して開業(開湯27年)、アルカリ性中温の強食塩泉。
所在地：石狩市(石狩支庁)。

41ていね温泉ほのか、平成21年(2009年)にスーパー銭湯としてほのかグループが開業(開湯13年)、弱アルカリ性中温の食塩泉。
所在地：札幌市手稲区(石狩支庁)。

42篠路温泉湯けむりパーク湯楽しのろ、平成7年(1995年)に開業した民営の日帰り温泉施設(開湯27年)、弱アルカリ性の冷鉱泉。
所在地：札幌市北区(石狩支庁)。

43札幌あいの里温泉なごみ、平成22年(2010年)に飲食店を経営する会社が開業したスーパー銭湯(開湯12年)、中性高温の食塩泉。
所在地：札幌市北区(石狩支庁)。

44北のたまゆら東苗穂店、平成17年(2005年)に北のたまゆらチェーンが日帰り温泉施設として開業(開湯17年)、弱アルカリ性低温の単純泉。
所在地：札幌市東区(石狩支庁)。

45北のたまゆら桑園店、平成16年(2004年)に北のたまゆらチェーンが日帰り温泉施設として開業(開湯18年)、弱アルカリ性低温の食塩泉。
所在地：札幌市中央区(石狩支庁)。

46北のたまゆら厚別店、平成17年(2005年)に北のたまゆらチェーンが日帰り温泉施設として開業(開湯17年)、弱アルカリ性中温の単純泉。
所在地：札幌市東区(石狩支庁)。

47森林公園温泉きよら、平成20年(2008年)に民営の日帰り温泉施設として開業(14年)、源泉掛け流しの弱アルカリ性中温の炭酸水素塩泉。
所在地：札幌市厚別区(石狩支庁)。

48定山渓温泉湯の花定山渓殿、平成17年(2005年)に湯の花チェーンが日帰り温泉施設として開業(開湯17年)、中性高温の食塩泉。
所在地：札幌市南区(石狩支庁)。

49定山渓温泉白樺の湯、平成13年(2001年)に定山渓温泉初の日帰り温泉施設として開業(開湯21年)、中性高温の弱食塩泉(自家源泉)。
所在地：札幌市中央区(石狩支庁)。

50里の森天然温泉森のゆ、平成20年(2008年)に山根園パークゴルフ場のクラブハウスに開業(開湯14年)、アルカリ性中温の単純泉。
所在地：北広島市(石狩支庁)。

51恵庭温泉ラ・フォーレ、昭和45年(1970年)の開業時は沸し湯で昭和62年(1987年)に温泉を掘削して給湯(開湯35年)、弱アルカリ性中温の食塩泉。
所在地：恵庭市(石狩支庁)

52ふるびら温泉しおかぜ(旧日本海ふるびら温泉一望館)、平成23年(2011年)に古平町が改築し開業(開湯11年)、中性高温の食塩泉。
所在地：古平郡古平町(後志支庁)。

53珊内ぬくもり温泉、平成8年(1996年)に神恵内村が珊内地区の高台
に開業(開湯26年)、中性低温の炭酸水素塩泉。
<ruby>珊内<rt>さんない</rt></ruby>

所在地：古宇郡神恵内村(後志支庁)。

54余市川温泉宇宙の湯、平成10年(1988年)に温泉銭湯の開業(開湯34
年)、宇宙の名は宇宙飛行士の生家に因む、弱アルカリ性高温の食
塩泉。

所在地：余市郡余市町(後志支庁)。

55よいち観光温泉、昭和62年(1987年)に観光農園の経営者が温泉を掘
削して開業(開湯35年)、弱アルカリ性高温の食塩泉。

所在地：余市郡余市町(後志支庁)。

56はまなす温泉日本海余市保養センター、平成5年(1993年)に民間企
業が開業、その後に日帰り温泉へ移行(開湯29年)、中性中温の食塩
泉。

所在地：余市郡余市町(後志支庁)。

57小樽幸和温泉小樽温泉オスパ、平成5年(1993年)に幸和観光㈱が
フェリーターミナルに開業(開湯29年)、中性低温の強食塩泉。

所在地：小樽市(後志支庁)。

58奥沢温泉中央湯、昭和12年(1937年)の開業、昭和57年(1982年)に温
泉を掘削して温泉銭湯に移行(開湯45年)、アルカリ性低温の単純泉。

所在地：小樽市(後志支庁)。

59小樽天然温泉湯の花手宮殿、平成10年(1998年)に建設会社が湯の花
チェーンの1号店を手宮公園近くに開業(開湯24年)、アルカリ性高
温の芒硝泉。

所在地：小樽市(後志支庁)。

60神仏湯温泉、昭和62年(1987年)に温泉を掘削して平成元年(1989年)
に全面改装が行われ温泉銭湯に移行(開湯33年)、中性高温の食塩泉。

所在地：小樽市(後志支庁)。

61さくら町温泉若乃湯、昭和29年(1954年)の開業で昭和58年(1983年)
に温泉を掘り当て温泉銭湯に移行(開湯39年)、アルカリ性高温の芒
硝泉。

所在地：小樽市(後志支庁)。

62赤井川カルデラ温泉赤井川村保養センター、昭和63年(1988年)に赤
井川村が開業(開湯34年)、弱アルカリ性高温の重曹泉。

所在地：余市郡赤井川村(後志支庁)。

63京極温泉京極ふれあい交流センター、平成 8 年(1996年)に京極町がふきだし公園近くにに開業(開湯26年)、弱アルカリ性中温の硫酸塩泉。

所在地：虻田郡京極町(後志支庁)。

64黄金温泉、平成14年(2002年)に農家が温泉を掘削して手作りで開業(開湯20年)、中性高温の硫化塩泉。

所在地：磯谷郡蘭越町(後志支庁)。

65ニセコ駅前温泉綺羅乃湯、平成13年(2001年)にニセコ町が日帰り温泉施設として開業(開湯21年)、弱アルカリ性中温の単純泉。

所在地：虻田郡ニセコ町(後志支庁)。

66真狩村温泉保養センターまっかり温泉、平成 5 年(1993年)に真狩村が日帰り温泉施設を開業(開湯20年)、弱アルカリ性中温の食塩泉。

所在地：虻田郡真狩村(後志支庁)。

67ルスツ温泉、平成12年(2000年)に留寿都村が共同浴場として開業(開湯22年)、源泉掛け流しの弱アルカリ性高温の単純泉。

所在地：虻田郡留寿都村(後志支庁)。

68洞爺いこいの家、昭和58年(1983年)に洞爺村が開業、平成23年(2011年)に洞爺湖町となって改修(開湯39年)、弱アルカリ性中温の芒硝泉。

所在地：有珠郡洞爺湖町(胆振支庁)。

69壮瞥町ゆーあいの家、平成 2 年(1990年)に壮瞥町が開業(開湯32年)、翌年には郷土出身力士の北の海記念館が開設、中性高温の重曹泉。

所在地：有珠郡壮瞥町(胆振支庁)。

70仲洞爺温泉来夢人(きむんど)の家、平成11年(1999年)に壮瞥町がキャンプ場のセンターハウスを兼ねて開業(開湯23年)、アルカリ性中温の石膏泉。

所在地：有珠郡壮瞥町(胆振支庁)。

71登別温泉夢元さぎり湯、平成 8 年(1996年)に現在の名称となって温泉供給する会社が開業(開湯26年)、酸性高温の硫化水素泉。

所在地：登別市(胆振支庁)。

72苫小牧温泉ほのか(旧割烹温泉いといの湯)、平成23年(2011年)にほのかグループが改装(開湯11年)、弱アルカリ性低温の炭酸水素塩泉。

所在地：苫小牧市(胆振支庁)。

73苫小牧アルテンゆのみの湯、平成11年(1999年)にリゾート会社が経営するレジャー施設に開業(開湯21年)、中性高温の強食塩泉。

所在地：苫小牧市(胆振支庁)。

74白老萩野温泉宝湯、昭和51年（1976年）に温泉銭湯として開業（開湯46年）、弱アルカリ性高温の弱食塩泉。

所在地：白老郡白老町（胆振支庁）。

75むろらん温泉ゆらら、室蘭市が電磁探査で湯脈を発見し民設民営で平成17年（2005年）既存の道の駅隣りに開業（開湯17年）、弱アルカリ性高温の単純泉。

所在地：室蘭市（胆振支庁）。

76黒松内温泉ぶなの森、平成10年（1998年）に黒松内町が北限のブナの森に開業（開湯22年）、アルカリ性中温の単純泉、**所在地**：寿都郡黒松内町（胆振支庁）。

77せたな町公営温泉浴場やすらぎ館、平成10年（1998年）が駅跡地に開業（開湯13年）、弱アルカリ性中温の食塩泉。

所在地：久遠郡せたな町（旧瀬棚町・檜山支庁）。

78臼別温泉湯とぴあ臼別、平成7年（1995年）に旅館跡にログハウス風の無料浴場を大成町が開業（開湯27年）、中性高温の石膏泉。

所在地：久遠郡せたな町（旧大成町・檜山支庁）。

79天然温泉和の湯、平成14年（2004年）に農家が畑を掘削すると温泉が湧いて日帰り温泉を開業（開湯18年）、強アルカリ性高温の食塩泉。

所在地：二海郡八雲町（渡島支庁）。

80平田内温泉あわびの湯、平成21年（2009年）に八雲町が既存のひらたない荘から分離させて開業（開湯13年）、中性高温の食塩泉。

所在地：二海郡八雲町（旧熊石町・渡島支庁）。

81今金温泉今金町交流促進センターあつたからんど、平成7年（1995年）に地元有志が掘削して今金町が開業（開湯27年）、中性高温の強食塩泉。

所在地：瀬棚郡今金町（檜山支庁）。

82種川温泉、昭和50年（1975年）に今金町が日本海と太平洋の中心部種市に開業（開湯47年）、弱アルカリ性中温の食塩泉。

所在地：瀬棚郡今金町（檜山支庁）。

83おとべ（乙部）温泉いこいの湯、昭和57年（1982年）に乙部町が開業（開湯40年）、平成4年（1992年）に露天風呂を新設、中性高温の単純泉。

所在地：爾志郡乙部町（檜山支庁）。

84館城温泉館城地区いこいの家、昭和59年（1984年）に厚沢部町が館城跡公園近くに開業（開湯38年）、アルカリ性中温の単純泉。

所在地：檜山郡厚沢部町（檜山支庁）。

85神威脇温泉保養所、昭和53年(1978年)に奥尻町が温泉をボーリングして開業(開湯44年)。津波の被害後にリニューアル、中性高温の食塩泉。

所在地：奥尻郡奥尻町(檜山支庁)。

86緑丘温泉みどりヶ丘の湯っこ、平成14年(2002年)に江差町が緑丘地区に開業(開湯20年)、弱アルカリ性高温の重曹泉。

所在地：檜山郡江差町(檜山支庁)。

87江差温泉繁次郎温泉、廃業した江差温泉湯乃華を平成20年(2008年)に社会福祉施設が改修して開業(開湯14年)、弱アルカリ性高温の単純泉。

所在地：檜山郡江差町(檜山支庁)。

88江差町ぬくもり温泉保養センター、平成18年(2006年)に江差町が保育所に併設して開業(開湯16年)、弱アルカリ性高温の単純泉。

所在地：檜山郡江差町(檜山支庁)。

89花沢温泉簡易浴場、平成9年(1997年)に上ノ国町が町の中心部に開業(開湯25年)、弱アルカリ性高温の重曹泉。

所在地：檜山郡上ノ国町(檜山支庁)。

90湯ノ岱温泉国民温泉保養センター、昭和50年(1975年)に上ノ国町が山間部に開業(開湯47年)、中性低温の食塩泉。

所在地：檜山郡上ノ国町(檜山支庁)。

91駒ヶ峯ちゃっぷ林館、平成7年(1995年)に森町が森少年自然の家の隣りに開業(開湯27年)、アルカリ性高温の単純泉。

所在地：茅部郡森町(渡島支庁)。

92七飯町健康センターアップル温泉、平成11年(1999年)に七飯町が日帰り温泉施設として開業(開湯23年)、アルカリ性高温の単純泉。

所在地：亀田郡七飯町(渡島支庁)。

93ななえ天然温泉ゆうひの館、平成10年(1998年)に民営の日帰り温泉施設として開業(開湯24年)、中性高温の硫酸塩泉。

所在地：亀田郡七飯町(渡島支庁)。

94恵山温泉函館市恵山福祉センター、昭和55年(1980年)に恵山町が開業し市営に移行(開湯42年)、中性高温の強食塩泉。

所在地：函館市(旧恵山町・渡島支庁)。

95大船温泉南かやべ保養センター、平成2年(1990年)に南茅部町が開業し、函館市営から民営へ移行(開湯32年)、中性高温の食塩泉。

所在地：函館市(旧茅部町・渡島支庁)。

96大船下の湯温泉、明治10年(1877年)に臼尻村の二本柳庄三郎が掘削して浴舎を開業(開湯145年)、中性高温の食塩泉。

　　所在地：函館市(旧茅部町・渡島支庁)。

97湯の川温泉大盛湯、平成 3 年(1991年)に戦前からの旅館を廃業して温泉銭湯に改築(開湯31年)、中性高温の食塩泉。

　　所在地：函館市(渡島支庁)。

98湯の川温泉永寿温泉永寿湯、昭和37年(1962年)に自家用源泉で温泉銭湯として開業(開湯60年)、平成20年(2008年)に改修、中性高温の食塩泉。

　　所在地：函館市(渡島支庁)。

99函館湯元花の湯、平成15年(2003年)に造園業者が新道沿いに日帰り温泉施設を開業(開湯19年)、中性高温の食塩泉。

　　所在地：函館市(渡島支庁)。

100函館にしき温泉、平成14年(2002年)に改装されて温泉銭湯から日帰り温泉施設に移行(開湯20年)、中性高温の食塩泉。

　　所在地：函館市(渡島支庁)。

101函館伏白稲荷温泉、平成30年(2018年)に陣川温泉跡地の温泉を利用して開業(開湯 4 年)、アルカリ性中温の単純硫黄泉。

　　所在地：函館市(渡島支庁)。

102北美原温泉、平成10年(1998年)に民営の日帰り温泉施設として北美原地区に開業(開湯24年)、中性高温の食塩泉。

　　所在地：函館市(渡島支庁)。

103昭和温泉、平成14年(2002年)に市内の昭和町にスーパー銭湯として開業(開湯20年)、中性高温の食塩泉。

　　所在地：函館市(渡島支庁)。

104函館乃木温泉なごみ、平成19年(2007年)に市内の乃木町にスーパー銭湯として開業(開湯15年)、中性高温の食塩泉。

　　所在地：函館市(渡島支庁)。

105花園温泉、昭和39年(1964年)の農地に銭湯を開業し、昭和51年(1976年)に温泉を掘り当て日帰り温泉施設に移行(開湯46年)、中性高温の食塩泉。

　　所在地：函館市(渡島支庁)。

106山の手温泉、平成18年(2006年)に冠婚葬祭の平安グループが日帰り温泉施設を開業(開湯16年)、中性高温の食塩泉。

　　所在地：函館市(渡島支庁)

107谷地頭温泉、昭和28年(1953年)に函館市が開業(開湯69年)、平成10年(1998年)に改築され平成25年(2013年)へ民間に譲渡、中性高温の食塩泉。

所在地：函館市(渡島支庁)。

108西ききょう温泉、平成4年(1992年)に会員専用の温泉施設として開業後、一般客にも開放(開湯30年)、中性高温の硫化水素。

所在地：函館市(渡島支庁)。

109戸井温泉保養センターふれあい湯遊館、平成6年(1944年)に戸井町が温泉施設を開業(開湯28年)、弱アルカリ性中温の単純泉。

所在地：北海道函館市(旧戸井町・渡島支庁)。

110御崎海浜温泉、開業は不明であるが古くから町内にある男女混浴の共同浴場、中性中温の石膏泉。

所在地：北海道函館市(旧恵山町・渡島支庁)。

111北杜市営せせにぎ温泉、平成元年(1989年)に大野町が温泉を掘削して日帰り温泉施設を開業(開湯33年)、中性高温の食塩泉。

所在地：北斗市(旧大野町・渡島支庁)。

112知内町健康保養センターこもれび温泉、平成8年(1996年)に知内町が日帰り温泉施設として開業(開湯28年)、強アルカリ性中温の硫酸塩泉。

所在地：上磯郡知内町(渡島支庁)。

113吉岡温泉福島町温泉健康センターゆとらぎ館、平成6年(1994年)の福島町が日帰り温泉施設を開業(開湯28年)、アルカリ性高温の硫酸塩泉。

所在地：松前郡福島町(渡島支庁)。

114松前温泉保養センター、昭和61年(1986年)に松前町が郊外の大沢に開業(開湯36年)、弱アルカリ性中温の硫酸塩泉。

所在地：松前郡松前町(渡島支庁)。

6)廃業した1軒宿の温泉旅館・温泉ホテル

廃業した1軒宿の温泉旅館・温泉ホテルは、昭和45年(1970年)以降の温泉地を調査したものであるが、すべての温泉地を網羅していない。温泉史の資料になればと記載した。

01鬼鹿温泉鬼鹿観光ホテル(廃業年不明)。
　　所在地：留萌郡小平町(留萌支庁)。

02天然温泉光風館石亭(2019年頃廃業)。
　　所在地：留萌市(留萌支庁)。

03薬草温泉ホテルピヤシリ(廃業年不明)。
　　所在地：名寄市(上川支庁)。

04岩尾内温泉観光ホテル(廃業年不明)。
　　所在地：士別市(旧朝日町・上川支庁)。

05旭川第一ホテル(廃業年不明)。
　　所在地：旭川市(上川支庁)。

06翁温泉翁山荘バーデンかみふら(2012年廃業)、1984年に開業。
　　所在地：空知郡上富良野町(上川支庁)。

07ニニウ温泉サークルターミナル(廃業年不明)、1984年に開業。
　　所在地：勇払郡占冠村(上川支庁)。

08白滝温泉グランドホテル(旧白滝温泉ホテル・2009年廃業)、1957年に白滝村が開業。
　　所在地：紋別郡遠軽町(旧白滝村・オホーツク支庁)。

09オホーツク温泉翁荘(2009年廃業)、1981年に開業。
　　所在地：網走市(オホーツク支庁)。

10楠目(くすめ)温泉民宿(2013年廃業)、1982年に開業。
　　所在地：網走郡大空町(旧東藻琴村・オホーツク支庁)。

11美幌後楽園温泉びほろ後楽園(2017年閉館)。
　　所在地：網走郡美幌町(オホーツク支庁)。

12おけと湖温泉メモリーハウスおけと(2007年廃業)、1985年に開業。
　　所在地：常呂郡置戸町(オホーツク支庁)。

13鹿の子温泉鹿の子荘(2010年廃業)、1964年に開業。
　　所在地：常呂郡置戸町(オホーツク支庁)。

14津別峠温泉ホテル仙雲閣(廃業年不明)。
　　所在地：網走郡津別町(オホーツク支庁)。

15川北温泉旅館(廃業年不明)、温泉跡に野湯を開設。
　　所在地：標津郡標津町(根室支庁)。

16沖里河温泉鳩ノ湯温泉(廃業年不明)。

　　所在地：深川市(空知支庁)。

17深川温泉観光ホテル(1998年廃業)、1964年に開業。

　　所在地：深川市(空知支庁)。

18天然温泉旅館長寿園(廃業年不明)、1921年に開業。

　　所在地：深川市(空知支庁)。

19歌志内温泉(廃業年不明)。

　　所在地：歌志内市(空知支庁)。

20新ないえ温泉北乃湯(2019年閉館)、1972年に開業。

　　所在地：空知郡奈井江町(空知支庁)。

21三笠温泉民宿旅館花月園(2013年頃廃業)。

　　所在地：三笠市(空知支庁)。

22湿原温泉民宿つるい(旧湯元鶴乃家、2019年廃業)、1993年に鶴乃家
が開業。

　　所在地：阿寒郡鶴居村(釧路支庁)。

23天然温泉岩見沢観光ホテル(廃業年不明)。

　　所在地：岩見沢市(空知支庁)。

24美流渡温泉旅館錦園(2011年廃業)。

　　所在地：岩見沢市(旧栗沢町・空知支庁)。

25栗沢温泉(2011年廃業)、1909年に開業。

　　所在地：岩見沢市(旧栗沢町・空知支庁)。

26万字温泉奥万字王国(2006年廃業)、1983年に開業。

　　所在地：岩見沢市(旧栗沢町・空知支庁)。

27馬追温泉(2018年廃業)、1908年に開業。

　　所在地：夕張郡長沼町(空知支庁)。

28島田温泉(廃業年不明)。

　　所在地：足寄郡足寄町(十勝支庁)。

29ナイタイ高原温泉亀の子荘(2009年廃業)、1973年に開業。

　　所在地：河東郡上士幌町(十勝支庁)。

30芽室温泉ホテル川北(2016年廃業)。

　　所在地：河西郡芽室町(十勝支庁)。

31三石温泉はまなす荘(2005年廃業)、旧三石町が1979年に開業。

　　所在地：日高郡新ひだか町(旧三石町・日高支庁)

32石狩温泉番屋の宿(2011年廃業)、1999年に開業。

　　所在地：石狩市(石狩支庁)。

33シャトレーゼガトーキングダム・サッポロホテル＆スパリゾート（旧テルメインターナショナル・2002年廃業）、1993年開業。
所在地：札幌市北区（石狩支庁）。

34信田温泉旅館（2014年廃業）、1902年に開業、所在地：千歳市（石狩支庁）。

35洞爺村温泉ホテル洞爺サンシャイン（2013年廃業）。
所在地：虻田郡洞爺湖町（旧洞爺村後志支庁）。

36天然温泉美国海岸ホテル（廃業年不明）。
所在地：積丹郡積丹町（後志支庁）。

37フゴッペ川温泉貴泉天山楽（旧ホテル栄和・2008年廃業）、1976年に開業。
所在地：余市郡余市町（後志支庁）。

38百尋温泉山宿清山荘（廃業年不明）。
所在地：磯谷郡蘭越町（後志支庁）。

39ニセコ薬師温泉旅館（2014年廃業）、1881年の開業。
所在地：磯谷郡蘭越町（後志支庁）。

40ニセコワイス寶亭留(ほてる)（旧ニセコワイス高原温泉山荘緑館・2018年廃業）、1988年の開業。
所在地：虻田郡倶知安町（後志支庁）。

ニセコ薬師温泉看板

41倶知安温泉ホテルようてい（旧ホテル羊蹄閣・2021年閉館）、1969年に開業。
所在地：虻田郡倶知安町（後志支庁）。

42ウトナイ湖温泉ウトナイレークホテル（廃業年不明）。
所在地：苫小牧市（胆振支庁）

43白鳥湖温泉ホテル（1992年廃業）。
所在地：苫小牧市（胆振支庁）。

44白老温泉白老ホテル（2006年廃業）。
所在地：白老郡白老町（胆振支庁）。

45幌内温泉国民宿舎幌内荘（1993年廃業）。
所在地：奥尻郡奥尻町（檜山支庁）。

46奥尻湯ノ浜温泉ホテル緑館(2019年廃業)。

所在地：奥尻郡奥尻町(檜山支庁)。

47ねとい温泉ねとい荘(2018年廃業)、1964年の開業。

所在地：久遠郡せたな町(旧北檜山町・檜山支庁)。

48湯ノ浜温泉ホテル緑館(2018年閉館)、1992年に開業。

所在地：奥尻郡奥尻町(檜山支庁)。

49五厘沢温泉ホテル緑館(旧慶喜旅館・2005年廃業)。

所在地：檜山郡江差町(檜山支庁)。

50湯ノ岱温泉旅館湯ノ岱荘(2012年廃業)、1974年の開業。

所在地：檜山郡上ノ国町(檜山支庁)。

51桜野温泉熊嶺荘(2015年廃業)、1930年に開業。

所在地：二海郡八雲町(渡島支庁)。

52はこだてワールド温泉牧場一乃湯(2009年廃業)、1985年に開業、テレビドラマ「太陽野郎」で撮影。

所在地：茅部郡森町(渡島支庁)。

53鹿部ロイヤル温泉ロイヤルホテルみなみ北海道鹿部(旧鹿部ロイヤルホテル・2021年閉館)。

所在地：茅部郡鹿部町(渡島支庁)。

54函館温泉ホテル(2010年廃業)、1998年に開業。

所在地：函館市(渡島支庁)。

55磯谷温泉朝日旅館(旧はまや旅館・1973年廃業)。

所在地：函館市(旧南茅部町・渡島支庁)。

56亀川冷泉枕木山荘(2010年廃業)。

所在地：上磯郡木古内町(渡島支庁)。

7)北海道の奥座敷

　奥座敷と聞けば都市近郊にある遊興的な温泉地のイメージがあるが、元々は武家や商家の離れなど特別な来客を接待する場の名称である。大正11年(1922年)に大分県の別府温泉の「亀の井ホテル」が由布岳の麓に別邸(現・亀の井別荘)を建てたことで別府の「奥座敷」と呼ばれたのが始まりとされる。神戸の奥座敷である有馬温泉が有名であるが、最近では遊興的な温泉街は激減し、奥座敷の言葉も死語となりつつある。北海道にも奥座敷が存在していて、その主な温泉地を紹介したい。

01旭川の奥座敷　旭岳温泉、大正３年（1914年）の開湯。
所在地：上川郡東川町（上川支庁）。

02旭川の奥座敷　天人峡温泉、明治33年（1900年）の開湯。
所在地：上川郡東川町（上川支庁）。

03富良野の奥座敷　十勝岳温泉、昭和35年（1960年）の開湯。
所在地：空知郡上富良野町（上川支庁）。

04遠軽の奥座敷　瀬戸瀬温泉、昭和31年（1956年）の開湯。
所在地：紋別郡遠軽町（オホーツク支庁）。

05北見の奥座敷　温根湯温泉、明治32年（1899年）の開湯。
所在地：北見市（オホーツク支庁）。

06網走の奥座敷　網走湖畔温泉、昭和56年（1981年）の開湯。
所在地：網走市（オホーツク支庁）。

07中標津の奥座敷　養老牛温泉、大正９年（1920年）の開湯。
所在地：標津郡中標津町（根室支庁）。

08釧路の奥座敷　阿寒湖温泉、明治45年（1912年）の開湯。
所在地：釧路市（釧路支庁）。

09十勝の奥座敷　糠平温泉、大正13年（1924年）の開湯。
所在地：河東郡上士幌町（十勝支庁）。

10帯広の奥座敷　十勝川温泉、大正２年（1913年）の開湯。
所在地：河東郡音更町（十勝支庁）。

11札幌の奥座敷　定山渓温泉、明治３年（1870年）の開湯。
所在地：札幌市（石狩支庁）。

12小樽の奥座敷　朝里川温泉、昭和29年（1954年）の開湯。
所在地：小樽市（後志支庁）。

13登別の奥座敷　カルロス温泉、昭和32年（1899年）の開湯。
所在地：登別市（胆振支庁）。

14函館の奥座敷　湯の川温泉、享徳２年（1453年）の開湯。
所在地：函館市（渡島支庁）。

あとがき

　北海道のみならず全国的に共通する点は、温泉地の衰退で老朽化した温泉施設の改築がままならない事と、小さな温泉旅館では後継者の問題がある。特に民営の温泉施設に関しては、廃業後の解体もできず放置されて廃墟化した建物もある。一番悲惨的に見えたのが東川町の天人峡温泉で、天人峡グランドホテル、天人峡パークホテル、天人閣ホテルの３軒が破綻によって放置されたままであった。御やどしましき荘１軒だけが開湯122年の歴史を守って健闘している様子が涙ぐましくも思った。

　破綻に至る前に何かしら回避する手段があったと思われるが、今となっては巨額の税金で解体せざるを得ないだろう。温泉宿の破綻の多くは放漫経営によるものであるが、温泉街に関しては共存関係が希薄だったことも原因の１つである。鉄筋コンクリート造りの大きな建物でも外壁の色を統一するだけでも景観は変わる。熊本県の黒川温泉、岐阜県の福地温泉などは温泉地そのものがブランドとなっているので、どこの温泉宿に泊まっても同様のサービスが受けられるシステムとなっている。互いが競い合う時代は終わり、共存共栄や相互扶助の関係を構築しないと今後の温泉地の存続は難しいだろう。

　北海道で注目したいのは、札幌市のすすき野や函館市の駅前に大規模な温泉ホテルが続々と開業されて、定山渓温泉や湯の川温泉の奥座敷が影をひそめていることである。札幌市内や函館市内の観光を考えるならば、アクセスの良いすすき野や函館駅前に人気が集中するのは当然である。温泉街に泊まって、宿の浴衣に丹前を羽織って下駄に履きかえ、夜の街角を歩く時代は過ぎようとしている。しかし、泉源公園をライトアップして盛り立てている登別温泉は貴重な温泉街と言える。兵庫県の城崎温泉や大分県の別府温泉などは、浴衣姿で歩かないと温泉宿に泊まった気分に浸れないのも事実である。

　北海道の温泉地で気がかりとなっているのが、倶知安町やニセコ町のリゾートホテルである。倶知安町に半年暮らした経験があるが、日本人よりも外国人の方が多いのではと思うほどであった。来訪する外国人の観光客やスキー客の他にも外資系の宿泊施設で働く従業員も外国人である。しかし、コロナウイルスの影響で来客者はゼロとなって、外資系会社のスタンスも変わったのではと懸念している。設備投資や資本投入がない限り、何も生まれないし何も育たない。折角、芽吹いて咲いた花がしおれないように願いたい。

今回の『温泉国宝（北海道編）』の執筆は、『温泉国宝（東北編）』に続くもので、先ずは歴史ある温泉地を子孫に残すことを目的に考えた。日本人の温泉愛は、連綿と続いて来たもので、日本人の大衆文化とも言える。この文化を温泉遺産として文化財と同様の評価をしないと、衰退して消滅するのは時間の問題となる。国や都道府県、市町村に対して貴重な温泉遺産の保護を訴えたいのである。老朽化して修繕もままならない民営の旅館には補助金を出し、後継者が不在の場合は市町村が仲立ちをして後継者を探してやるのも必要と考える。

　「日本三大秘湯」の１つ、ニセコ薬師温泉旅館が消滅し、同じ蘭越町の鯉川温泉旅館は120年の歴史に幕を閉じた。泊まりたい温泉リストに２重丸を付けていただけに残念でならない。温泉愛に満ちた北海道民の方々には、歴史ある温泉を守って欲しいと願いたい。

参考資料

『最新旅行案内 1・北海道』
　　昭和45年(1970年)に日本交通公社から発行。
『日本の名旅館』
　　昭和56年(1981年)に日本交通公社から発行。
『秘湯の宿』
　　昭和60年(1985年)に日本交通公社から発行。
『全国版宿泊表』
　　昭和61年(1986年)にアサヒ出版から発行。
『日本らしさの宿』
　　昭和62年(1987年)に日本交通公社から発行。
『日本の秘湯(第6版)』
　　昭和63年(1988年)に日本秘湯を守る会から発行。
『日本の宿7000軒98(東日本編)』
　　平成10年(1998年)に親樹社から発行。
『ライトマップル51北海道道路地図』
　　平成22年(2010年)に昭文社から発行。
『日本の秘湯(第20版)』
　　平成27年(2015年)に日本秘湯を守る会から発行。
インターネットのウィキペディアなどウェブ情報。
宿泊した温泉旅館や温泉ホテルのパンフレットなど。

著者プロフィール

佐々木 清人（ささき きよと）

雅号：**紫闇 陀寂**（しやみ だじゃく）

昭和28年（1953年）生まれ。
秋田県平鹿町（現・横手市）出身。

職業：随筆家見習い、自称詩歌人。

主な資格：第1回日本温泉名人、建築設備士、
1級管工事施工管理技士、2級造園施工管理技士、
消防設備士、調理師など多数。

著書：短歌集『漂泊の思いやまず』、創文印刷出版。
紀行文『三野山巡礼』、新風舎。
紀行文『奥の細道輪行記』、近代文藝社。
和歌集『名僧百人一首』、文芸社。
和歌集『侍百人一首』、文芸社。
短歌集『設備屋放浪記』、文芸社。
紀行文『新四国八十八ヶ所霊場』、イズミヤ出版。
随筆集『高野山と伊勢神宮』、イズミヤ出版。

みんなの温泉天国（北海道編）

発行日	令和5年3月31日
著　者	佐々木 清人
発行人	藤田 卓也
発行所	藤田印刷エクセレントブックス

〒085-0042　北海道釧路市若草町3－1
TEL　0154-22-4165
FAX　0154-22-2546

印刷・製本　　藤田印刷株式会社